UWE BIRNSTEIN

Hits from Heaven:
Wie die SONGS DES FRIEDENS unsere Hoffnung nähren

Uwe Birnstein

Hits from Heaven:

Wie die SONGS DES FRIEDENS unsere Hoffnung nähren

VERLAG NEUE STADT
MÜNCHEN · ZÜRICH · WIEN

Zum Autor:
Uwe Birnstein, evangelischer Theologe, arbeitet seit 1991 als Journalist für Printmedien, Hörfunk und Fernsehen. Er schrieb über 30 Bücher; mit seiner Margot-Käßmann-Biografie wurde er zum SPIEGEL-Bestseller-Autor.
Letzte Veröffentlichungen: Bücher über die spirituellen Spuren in den Lebensläufen und Liedern von Leonard Cohen, Bob Dylan, Udo Lindenberg und Johnny Cash sowie: Hits from Heaven: Christmas-Songs, die unser Herz erwärmen.
Auch als Gitarrist ist Birnstein unterwegs und präsentiert solo oder im Duo „Stine and Stone" Programme zu seinen Büchern. Mehr Infos auf www.birnstein.de

Klimaneutral gedruckt. Weil jeder Beitrag zählt.

MIX
Papier
FSC® C083411

CPI klimaneutral
Mehr Bäume.Weniger CO_2

2023, 2. Auflage

Umschlaggestaltung: Stefan Weigand (wunderlichundweigand.de)
und Neue-Stadt-Grafik
Satz: Neue-Stadt-Grafik
Druck und Bindung: CPI books GmbH, Leck
ISBN 978-3-7346-1285-5

www.neuestadt.com

Vorwort

Wir saßen am Lagerfeuer, damals in den 1970ern, und sangen; ich schrummelte auf meiner Ibanez-Gitarre, und wir Jugendliche fühlten uns eins mit Gott und der Welt – was auch daran lag, dass wir Lieder sangen, die unsere Sehnsucht beflügelten. Es ging um die Liebe natürlich, aber auch um Frieden und Gerechtigkeit: „Blowin' in the Wind", „Sag mir, wo die Blumen sind", später „99 Luftballons" und „Es ist an der Zeit". In den Texten und einfachen Melodien dieser Lieder spiegelten sich unsere Träume von einer besseren Welt. Manchmal reichten drei Akkorde, um zu zeigen: Frieden in Musik zu kleiden ist nicht schwer.

Jahre später, als die Mauer fiel und die Mächtigsten der Welt tatsächlich ihre Waffenarsenale verkleinerten, schien ein Etappenziel erreicht. Es war wie ein Zeichen dafür, dass „Nie wieder Krieg!", das aus unendlichem Leid entstandene Motto der Weltgemeinschaft, tatsächlich wahr werden könnte. Die Mauern zwischen den Machtblöcken waren eingerissen worden – das schrieben wir auch den Demonstrationen der Friedensbewegung zu. Millionen waren auf die Straße gegangen. „Frieden schaffen ohne Waffen" stand auf ihren Transparen-

ten, „Abrüstung jetzt!" und „Stell dir vor, es ist Krieg und niemand geht hin". Auf meinem Gitarrenkoffer klebte der Spruch „Gitarren statt Knarren". Das klang ähnlich wie das der Bibel entliehene Motto der DDR-Friedensbewegung: „Schwerter zu Pflugscharen". Frieden ist eben nicht mit Gewalt zu erreichen. Und Musik ist ein wundervolles Mittel, um Gemüter zu befrieden, um Menschen in guter Weise zusammenzubringen und Gemeinschaft zu stiften.
Heute sind die Friedenslieder von damals wieder in aller Munde. Auch ich spiele und singe sie wieder, denn die Menschen und die Welt werden noch immer von Kriegen gebeutelt, durch den russischen Angriffskrieg gegen die Ukraine auch wieder in Europa. Fragen, die die Lieder von damals stellten, sind auch heute noch wichtig und unbeantwortet: Wozu sind Kriege da? Wie viele Kanonenbälle müssen denn noch fliegen, bevor sie für immer gebannt werden? Welche Armee ist heilig? Wann wird man je versteh'n, dass Kriege sinnlos sind?

Unsere Hoffnung und unser Protest sind auch weiterhin gefragt: Kriege fordern noch immer jeden Tag Opfer auf der ganzen Welt. Musik kann Mut machen. Deshalb stelle ich hier 25 Friedenslieder vor, die unsere Hoffnung immer wieder genährt haben. Lieder, die dem Krieg ins Auge blicken und den Kriegstreibern die Stirn bieten. Alte und neue Lieder, die mal laut, mal leise, aber immer mit Fantasie und Poesie den Schrecken des Krieges Visionen des Friedens entgegensetzen. Die Songs lenken die Gedanken zu Kriegen, die überstanden, aber nicht vergessen sind: auf die Reisfelder nach Vietnam, in die vom Bürgerkrieg zerschossenen Städte in Nordirland; zu dem skurrilen Krieg um die Falkland-Inseln; auf den afrikanischen Kontinent und in die Wüste des Sinai, wo Israel um sein Überleben kämpfte. An vielen Orten schwelen noch die Konflikte und können jederzeit wieder ausbrechen. Ich habe die Lebensgeschichten vieler Musiker und Musikerinnen kennengelernt, die sich nicht aus Naivität, sondern aus eigener Erfahrung und Gewissensgründen für den Frieden einsetzten. Musiker als Botschafter des Friedens: Bob Dylan spielte seine Friedenslieder vor dem Papst und dem US-Präsidenten, U2-Sänger Bono war einer der Initiatoren des Friedensprozesses zwischen Katholiken und Protestanten in Nordirland und sang für die aus Bombenangst in den Kiewer U-Bahn-Schächten hausenden Menschen; Udo Lindenberg webte mit seiner schnoddrigen Hartnäckigkeit mit an einem kulturellen Zeitgeist, der die Absurdität der deutsch-deutschen Teilung auch politisch uninteressierten jungen Menschen vor Augen führte. Am meisten ins Nachdenken brachte mich der ukrainische Rockmusiker Andriy Khlyvnyuk. Der tauschte im Frühjahr 2022 seine Gitarre gegen die Knarre und kämpfte für sein überfallenes Heimatland, die Ukraine. Das wirft neue Fragen auf und holt Friedenssongwriter aus der pazifistischen Komfortzone: Sollten Knarren manchmal doch die bessere Antwort als Gitarren sein?

In vielen der Friedenssongs sind auch spirituelle Spuren zu entdecken. Wer eine Vision vom himmlischen Frieden hat, dem fällt es womöglich leichter, energisch für den Frieden hier auf Erden einzutreten und all jene zu bremsen, die mit (pseudo-)religiösen Schlachtrufen die Kriege dieser Welt weiter anfachen.

München, im Oktober 2022
Uwe Birnstein

Inhalt

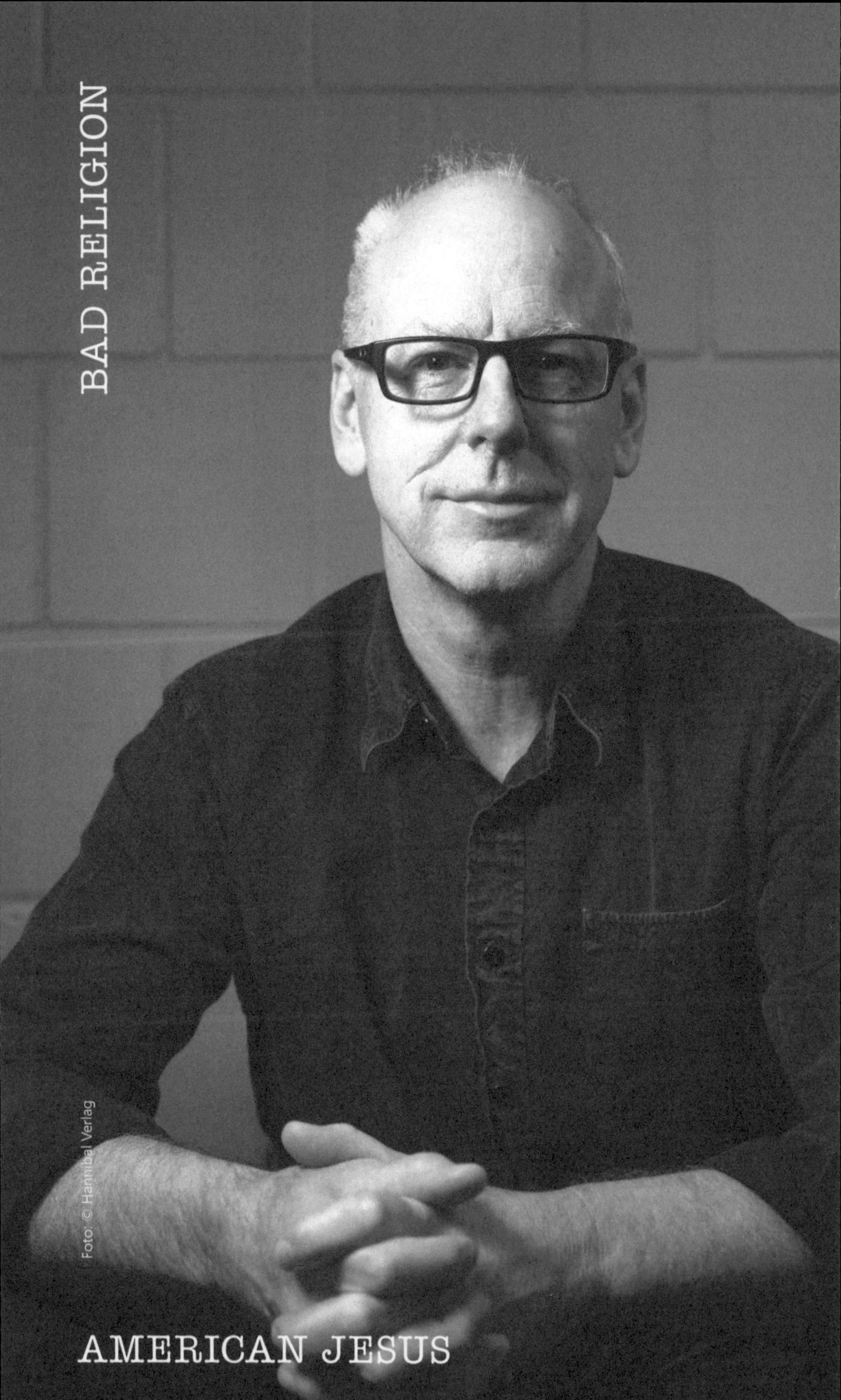

Foto: © Hannibal Verlag

1

American Jesus (1993)
Bad Religion

Musik & Text: Greg Graffin und Brett W. Gurewitz

Eigentlich gilt Jesus als universeller Friedensbringer. Christen sehen in ihm den von den alttestamentlichen Propheten verheißenen Messias, den „Friede-Fürst", der der Welt „Friede ohne Ende" bringe (Jesaja 9,5f). Glaubt man den Evangelien, verhielt Jesus sich tatsächlich außerordentlich friedvoll und gewaltfrei. Denen, die ihm nachfolgen wollten, gab er den Rat: Schlagt nicht zurück, haltet dem Angreifer stattdessen eure andere Wange hin. Und: Wer Frieden stifte, sei „selig", stehe also unter Gottes besonderem Segen. Mehr Frieden geht nicht.

Die Punk-Rocker der Band *Bad Religion* kennen wohl diese friedliebende Seite des Jesus von Nazareth. Umso mehr stieß ihnen auf, dass in ihrem Land, den USA, „christliche" Politiker mit der Bibel in der Hand und Jesus auf den Lippen zum Krieg gegen das vermeintlich Böse aufriefen. Auf ihre Weise ging die Band gegen diese Verzerrung des christlichen Glaubens an. Der Song *American Jesus* ist eine bissig-ironische Abrechnung mit selbstgerechten und gewaltbereiten US-

Christen. „Wir haben den amerikanischen Jesus", legt der Sänger diesen Christen in den Mund, die USA seien schließlich „a nation under God" – Jesus verleihe auch der Armee Kraft und habe letztlich dafür gesorgt, dass die USA über die Atombombe verfügten. Im offiziellen Video zu dem Song tragen Fußgänger Holzkreuze durch die Straßen von Los Angeles; am Ende stehen sie alle mit verbundenen Augen und skandieren: „One Nation, one God". Die Band spielt währenddessen auf einem Berg in einer Wüste, der mit seinen drei Kreuzen an Golgatha erinnert. Frontsänger Greg Graffin singt den Song mit Verve, ihm ist die Empörung aufs Gesicht geschrieben.

Spätpubertäre Rotzigkeit gegen das Establishment kann man Graffin nicht vorwerfen. Mit einem Doktortitel hat der Biologe seine denkerische Kompetenz bewiesen. Er lehrt an der Universität von Los Angeles Evolutionsbiologie. Graffins Provokationen sind durchdacht und wohlbegründet. Seine Einstellung zum Glauben ebenfalls. Er habe niemals an Gott geglaubt, sagte er in einem Interview, deshalb sei er wohl ein Atheist. Und auch auf die Wissenschaft blickt er selbstkritisch: Auch sie sei letztlich ein Glaubenssystem. „Viele Wissenschaftler sträuben sich dagegen. Aber wir alle glauben daran, dass wir die Wahrheit finden können. Meine Richtschnur sind Beweise. Ich verlasse mich auf Beobachtung, Experimente und Überprüfung." Im Buch „Anarchie und Evolution – Glaube und Wissenschaft in einer Welt ohne Gott" legte „Punk-Professor" Graffin seine Sicht zu Glaubensfragen verständlich dar.

Dabei geht es ihm immer um Respekt – auch vor christlichen Glaubensüberzeugungen, wenn sie denn friedlich und ohne Nationalismus daherkommen. Nur so ist es zu verstehen, dass *Bad Religion* 2013 unter dem Titel „Christmas Songs" eine CD mit Punkversionen traditioneller und moderner Weihnachtslieder herausbrachten. Das Spektrum reicht von alten Kirchenliedern („O Come All Ye Faithful" / „Herbei, o ihr Gläubigen") über Bing Crosbys „White Christmas" bis zu einer neuen Version von *American Jesus*. „Nothing says Christmas like Bad Religion", warb die Plattenfirma für dieses Projekt, das niemand erwartet hatte. So kommt es, dass *Bad Religion* dann doch von Jesus als Friedensfürst singen: „Glory to the newborn king, Peace on earth!" – „Ehre dem neugeborenen König, Friede auf Erden!"

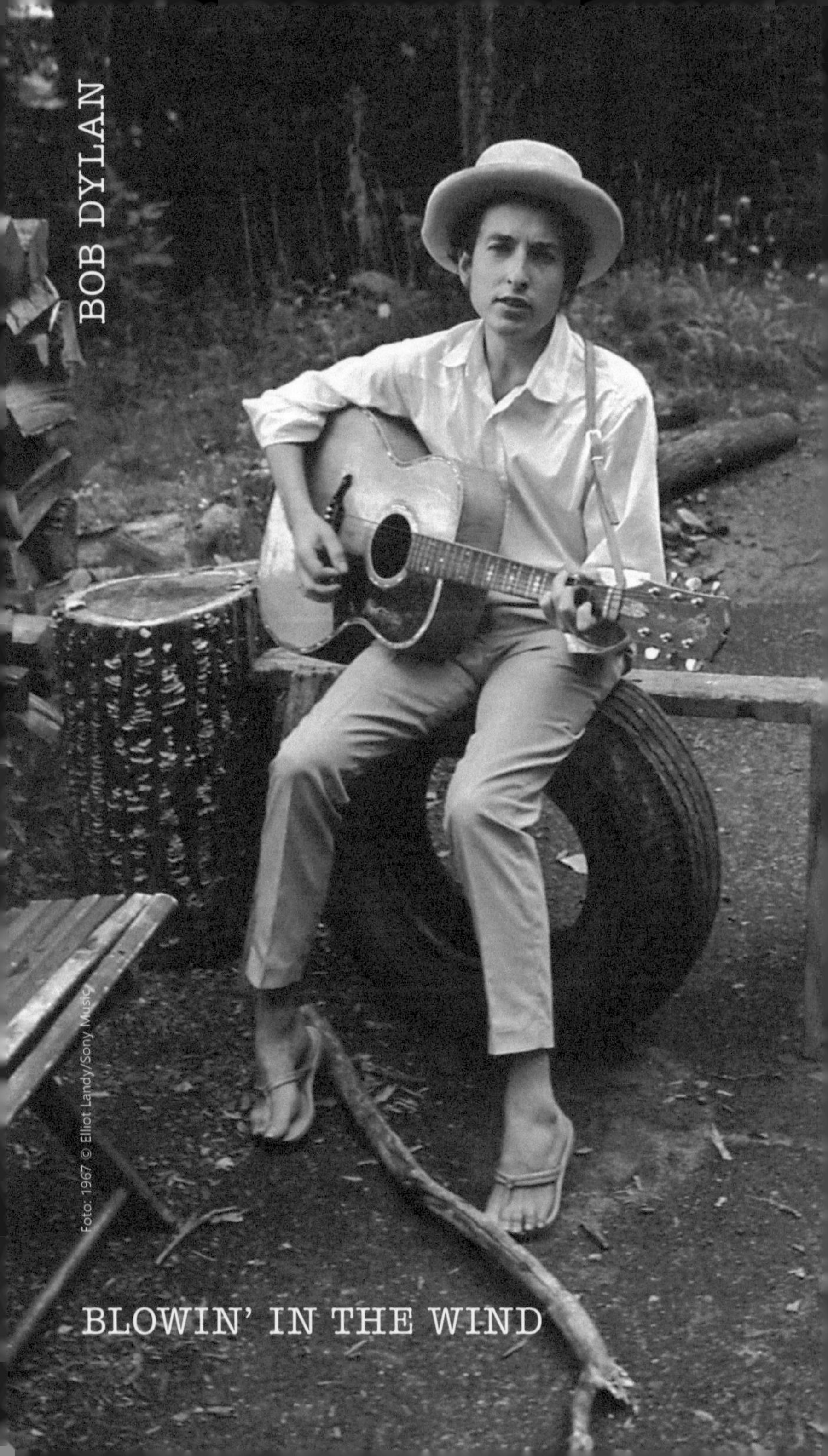
BOB DYLAN
BLOWIN' IN THE WIND

2

Blowin' in the Wind (1963) Bob Dylan

Musik & Text: Bob Dylan
Coverversionen: Peter, Paul & Mary, Joan Baez, Elvis Presley, Neil Young
Deutsch (Text: Hans Bradtke): Marlene Dietrich, Juliane Werding

Sie haben Augen zu sehen und sehen nicht; Ohren zu hören und hören nicht!" Einst ärgerte sich der israelische Prophet Ezechiel über die Starrköpfigkeit seiner Landsleute: Würden sie nur einmal ihre Sinne öffnen für die Ungerechtigkeiten, die geschehen! 2.600 Jahre später fand der junge jüdische Folk-Musiker Bob Dylan in Ezechiel einen biblischen Bruder im Geiste. Würden die Menschen in den USA und auf der ganzen Welt doch endlich erkennen, dass Kriege sinnlos sind! Wie viele Bomben müssen denn noch fallen, wie viele Menschen müssen noch sterben, bis endlich Friede auf Erden ist?

Erstaunlich, dass ausgerechnet Dylan einen Friedenssong schrieb. Als Jugendlicher wollte er noch General werden und als Held in einer Schlacht sterben. Sein Berufswunsch hat sich jedoch rasch geändert. Der Folk-Musik gehörte nun seine ganze Leidenschaft. Um sie auszuleben, war er aus seiner Heimat in Minnesota nach New York gekommen. Hier wollte

er Karriere machen. Am Nachmittag des 16. April 1962 saß er im Café „The Commons" mitten im Künstlerviertel Greenwich Village und trank mit dem gleichaltrigen befreundeten Musiker David Blue einen Kaffee. Gegen 17 Uhr packte er seine Gitarre aus und begann einen Song zu schreiben. Eine Melodie dazu hatte er bereits im Kopf: „No More Auction Block for Me", ein Spiritual, einst ein Hoffnungslied US-amerikanischer Sklaven. Dessen Melodiezeile verwendete er für seine Strophen, den Refrain komponierte er neu. Und für den Text knüpfte er an die Gedanken des Propheten Ezechiel an, der die Hartherzigkeit und Ignoranz der Menschen beklagt hatte. Dylans Text wirkt wie eine Erweiterung: „Wie oft muss ein Mann emporblicken, bis er den Himmel sieht? Wie viele Ohren muss jemand haben, bevor er Menschen schreien hört?"
Auch die biblische Geschichte der Arche Noah schwirrte Dylan offensichtlich im Kopf herum: Als die Sintflut zurückwich, schickte Noah eine Taube aus, um zu prüfen, ob die Wasser schon wieder Land freigaben. „Wie viele Meere muss die weiße Taube überqueren, bevor sie im Sand schlafen kann?", fragt Dylan. Der Refrain lässt die Antwort offen: „The answer is blowin' in the wind" – „Die Antwort weiß ganz allein der Wind." Eine weitere Stunde feilte er an jenem Tag im Café noch am neuen Song, dann war er fertig.

Kurz darauf spielte er ihn erstmals vor Publikum in einem kleinen Pub. Die Menschen waren begeistert, und Dylan schwante, dass ihm da etwas ganz Großes gelungen sein könnte.
Sein Manager arbeitete auch für das bekannte Folk-Trio Peter, Paul & Mary. Die drei reicherten den Song mit Moll-Akkorden an, nahmen ihn als weichgespülte dreistimmige

Version auf – und landeten prompt einen Hit. Niemand hätte geglaubt, dass ein gesellschaftskritischer Text, in dem es um Krieg und Tote geht, auf oberen Chartplätzen landen könnte. Peter, Paul & Mary gelang es. Sie verkauften gleich in der ersten Woche 300.000 Singles. Dylan selbst veröffentlichte *Blowin' in the Wind* als raue Folk-Version erst im Mai 1963 auf seinem zweiten Album „The Freewheelin' Bob Dylan".

Schnell wurde der Song zur Hymne der Bürgerrechtsbewegung in den USA. Bob Dylan wurde – gemeinsam mit der Sängerin Joan Baez – zum Star der Protestbewegung. 1963 sang er sogar beim „Marsch auf Washington", bei dem sich 100.000 Menschen trafen und die bewegende Rede des Baptistenpfarrers Martin Luther King hörten: „I have a dream" – „Ich habe einen Traum".

Bob Dylan fühlte sich allerdings nicht wohl in der Rolle des Protestsängers. Bald spielte er lieber rockige Songs und stieß seine Fans damit vor den Kopf. Dessen ungeachtet beflügelt sein Friedenslied die Friedensbewegung bis heute, es wird auf Demonstrationen und an Lagerfeuern gesungen. 1987 predigte sogar Papst Johannes Paul II. vor hunderttausenden Jugendlichen über den Text. „Jemand von euch hat mir gesagt, dass die Antwort auf die Fragen eures Lebens im Winde wehe (‚blowing in the wind')", sagte er; „das stimmt! Aber nicht in dem Wind, der in Luftwirbeln alles verweht, sondern in dem Wind, der der Atem und die Stimme des Geistes ist, die uns ruft: ‚Komm!'"

Dylans Lied *Blowin' in the Wind* ist eine musikalische Aufforderung, sich mit dem Unfrieden auf der Welt nicht abzufinden, ihn vielmehr in Frage zu stellen. Dylan will nicht erklären, warum es Kriege gibt. Auch ist er kein Prophet wie Ezechiel, der seine Mitmenschen anklagt oder der gar vorhersagt, wann die Kriege aufhören. Er stellt einfach nur Fragen – aber die mit so eindringlichen Worten, dass die Hörerinnen und Hörer nicht umhinkönnen, ihre eigenen Antworten darauf zu suchen.

Mit dem Fragen-Stellen hörte Bob Dylan nie auf. In einem seiner Alters-Songs, *I've Made Up My Mind to Give Myself to You*, fragt er einen „reisenden Mann": „Zeige mir etwas, das ich verstehen werde." Gut möglich, dass er Jesus meint, den er früher schon mal als Reisenden beschrieben hatte. Am Ende sagt er diesem Mann: „Wir sehen uns bei Sonnenaufgang – wir sehen uns im Morgengrauen. Ich werde mich neben dich legen, wenn alle weg sind." Ein eigentümliches Bild der Nähe: Blickt Dylan, der so facettenreich den Frieden besungen hat, voraus auf den „Shalom", den großen Frieden am Ende unserer Reise? „Hätte ich die Flügel einer schneeweißen Taube, würde ich das Evangelium der Liebe predigen", sinniert er und bekennt: „Ich habe mich entschlossen, mich dir hinzugeben."

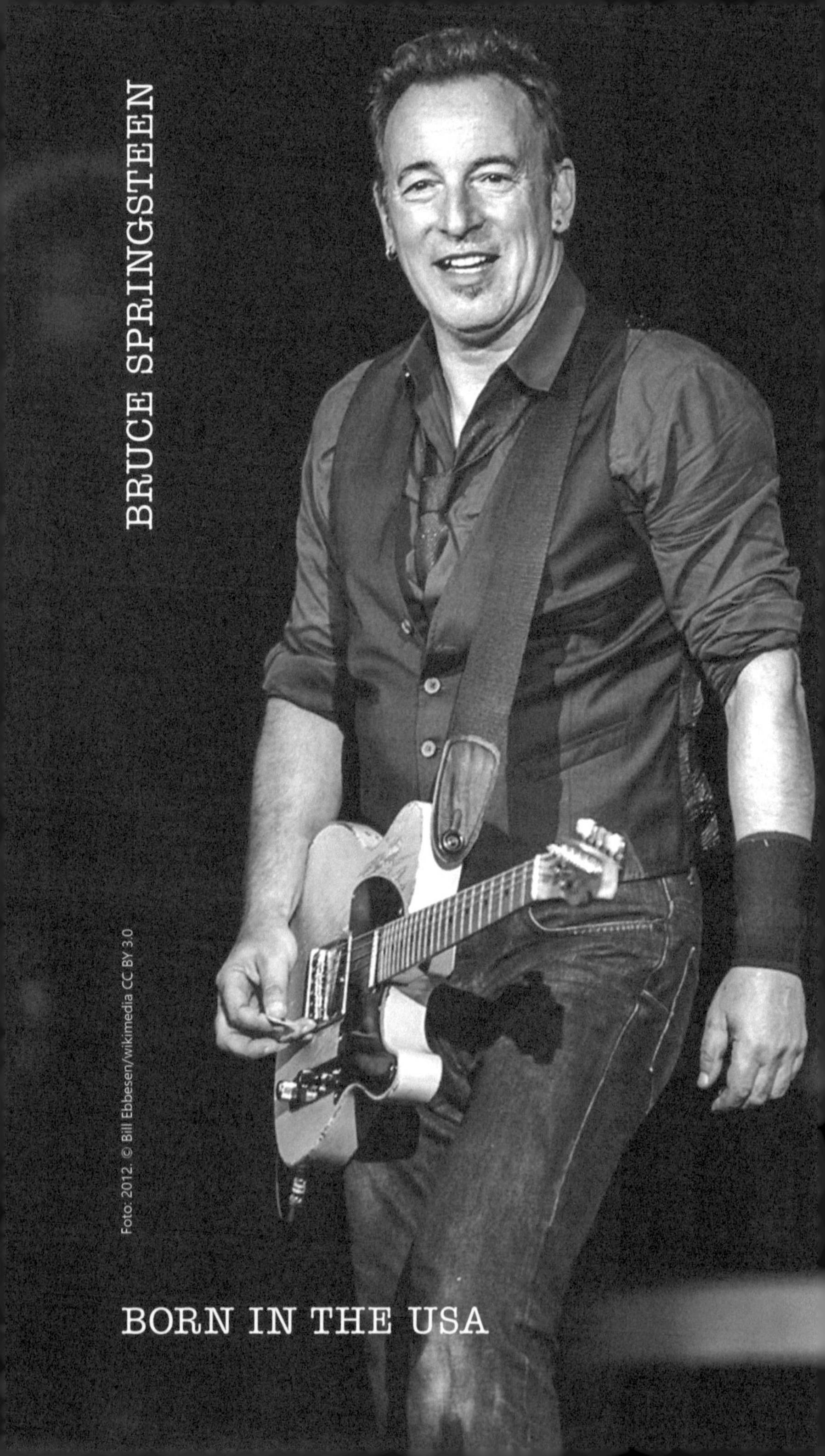
BRUCE SPRINGSTEEN
BORN IN THE USA

3

Born in the USA (1981)
Bruce Springsteen

Musik & Text: Bruce Springsteen
Coverversionen: Patti LaBelle, Stanley Clarke, José González, Neil Young

Warum ziehen Menschen als Soldaten für ihr Vaterland in den Krieg? Einige sicher aus Nationalstolz. Andere aber auch, weil ihnen die Gesellschaft keine andere Perspektive bietet. Von einem dieser Männer handelt Bruce Springsteens Song *Born in the USA*. Er erzählt die Geschichte eines jungen Mannes aus New Jersey, der von der Regierung fallengelassen wurde – wie so viele Soldaten, die im Vietnamkrieg ihr Leben riskierten und nach ihrer Heimkehr keine Unterstützung bekamen. „Das war eine der besten Nummern, die ich je geschrieben hatte", konstatiert Springsteen in seiner Autobiografie. „Die Strophen dieses GI-Blues waren eine einzige bittere Abrechnung, der Refrain eine Proklamation des Einzigen, was dir niemand nehmen kann [...]: dein Geburtsland."

Worum geht's? „Born in a dead man's town": Düster beginnt der Song und führt sofort in das Leben einer Familie in einer Stadt voller Armut. Die Lebensperspektive der Kinder sieht

ebenfalls finster aus: „Du endest wie ein Hund, der zu viel geschlagen wurde." Arbeitslosigkeit, Verarmung und mangelnde soziale Absicherung gehören zur Normalität. Verständlich, dass das Militär hier erfolgreich Soldaten rekrutieren kann. Der Mann, dessen Schicksal der Song schildert, wurde kriminell – und Nutznießer eines Gesetzes, das denen Straffreiheit versprach, die sich zum Militär meldeten. Von 1964/65 bis 1973 führten die USA Krieg gegen das kommunistische Regime in Vietnam. Zigtausende amerikanische Soldaten fielen, 150.000 kehrten verletzt zurück – der Bedarf an Soldaten war groß. In der Heimat wurden die Rückkehrer später jedoch nicht als Helden gefeiert, sondern mussten sich mühsam und ohne Unterstützung wieder in die Gesellschaft einfinden.
In einem Buch hatte der Veteran Ron Kovic die Erlebnisse geschildert, die dazu führten, dass er im Rollstuhl aus Vietnam zurückkehrte. Jede Hilfe war ihm anschließend verweigert worden. „Born on the 4th of July" erregte Aufsehen. (Es wurde später unter demselben Titel von Oliver Stone mit Tom Cruise in der Hauptrolle verfilmt.) Auch Bruce Springsteen las das Buch; er kontaktierte Ron Kovic, die beiden freundeten sich an. Springsteen war so bewegt von Kovics Schicksal, dass er 1981 ein Benefizkonzert für Vietnam-Veteranen organisierte.

Auch der Mann in seinem Song geht, wie all diese Soldaten, „to kill the yellow men": um Asiaten zu töten. Als er zurückkommt, sucht er vergeblich einen Job in der Raffinerie. Er landet im Knast – und zehn Jahre nach seiner Rückkehr hat er keine Hoffnung mehr, je wieder ein normales Mitglied der Gesellschaft zu werden. Springsteen schreit die Strophen des Liedes mehr, als dass er sie singt; auch der Refrain *Born*

in the USA klingt wie ein trotziger Schrei: „Aber ich bin doch Amerikaner – was tut ihr mir an in meinem Heimatland?!?"
„Mit seiner Mischung aus düsteren Bluesstrophen und dem hymnischen Refrain, dem Beharren auf einer kritischen Stimme und dem Stolz auf die eigene Herkunft" war der Song „für viele Hörer schlicht zu widersprüchlich oder einfach nur ein Ärgernis", erinnert sich Springsteen in seiner Autobiografie.
Auf dem Cover zum gleichnamigen Album inszenierte Star-Fotografin Annie Leibovitz den Rocksänger als „Working Class Hero". Zu sehen ist Bruce Springsteen von hinten. Er trägt ein weißes T-Shirt, eine lädierte Jeans mit einem roten Baseball-Cap in der Tasche und einen Westerngürtel. Den Hintergrund füllt die amerikanische Flagge. Einige versuchten, Springsteen daraus einen Strick zu drehen: Er würde auf die Flagge pinkeln und sie damit entehren, behaupteten sie. Springsteen widersprach in deftiger Diktion: „Das hat keine Bedeutung. Wir haben ein paar Fotos aufgenommen und am Ende hat das Bild von meinem Arsch besser ausgesehen als das von meinem Gesicht. Also landete es auf dem Cover."

Born in the USA wurde schnell zum Superhit. Springsteen war es gelungen, die Stimmung der armen amerikanischen Bevölkerung in einen mitreißenden Song zu verpacken. Seine Stimme und das hämmernde Schlagzeug spiegeln den Unmut, der sich in der Gesellschaft aufgestaut hatte.
1984 zog der Song auch den konservativen Journalisten George Will in den Bann. Überraschend begeistert berichtete er über ein Springsteen-Konzert. Er war sich sicher: Springsteen sei ein Patriot und verkörpere amerikanische Werte. Schließlich würden im Konzert amerikanische Flaggen wehen, während der Sänger über harte Zeiten singe.

Born in the USA sei ein Aufruf, trotz aller Lebenshärten ein stolzer Amerikaner zu sein.
Beseelt von seiner Erkenntnis, kontaktierte Will das Wahlkampfteam von Ronald Reagan: Springsteen würde sicherlich Reagan unterstützen. Der Präsident war gerade im Wahlkampfmodus für seine Wiederwahl. Sein Team versuchte, Springsteen zu erreichen – ohne Erfolg. Trotzdem erklärte Reagan Springsteen in einer Rede zu einem Vorbild: „Amerikas Zukunft beruht auf den tausend Träumen in euren Herzen. Sie beruht auf der Hoffnungsbotschaft in den Songs eines Mannes, den so viele junge Amerikaner bewundern – Bruce Springsteen aus New Jersey."
Reagan verdrehte *Born in the USA*, das Klagelied über sinnlose Kriege, über Hoffnungslosigkeit und Ungerechtigkeit, in einen patriotischen Hoffnungssong. Ob er Springsteens Lieder überhaupt kenne und verstehe, fragten sich viele Fans und Journalisten. Einige Tage später kommentierte Springsteen selbst in einem Konzert den Vorfall. „Ich glaube nicht, dass er *Born in the USA* gehört hat!"

Sogar weit rechts stehende US-Politiker hat dieses Missverständnis des Songs nicht davon abgehalten, ihn und die Popularität Springsteens weiter für ihre Propaganda zu nutzen. Zuletzt spielte sogar Donald Trump den Song bei Wahlkampfveranstaltungen – obwohl Springsteen Trump als „Gefahr für unsere Demokratie" bezeichnet hatte.
Bleibt zu hoffen, dass die Wucht des Songs all jenen, die ihn auch bei Veranstaltungen im rechten Lager hören, dann doch die Augen öffnet für die Sinnlosigkeit des Krieges.

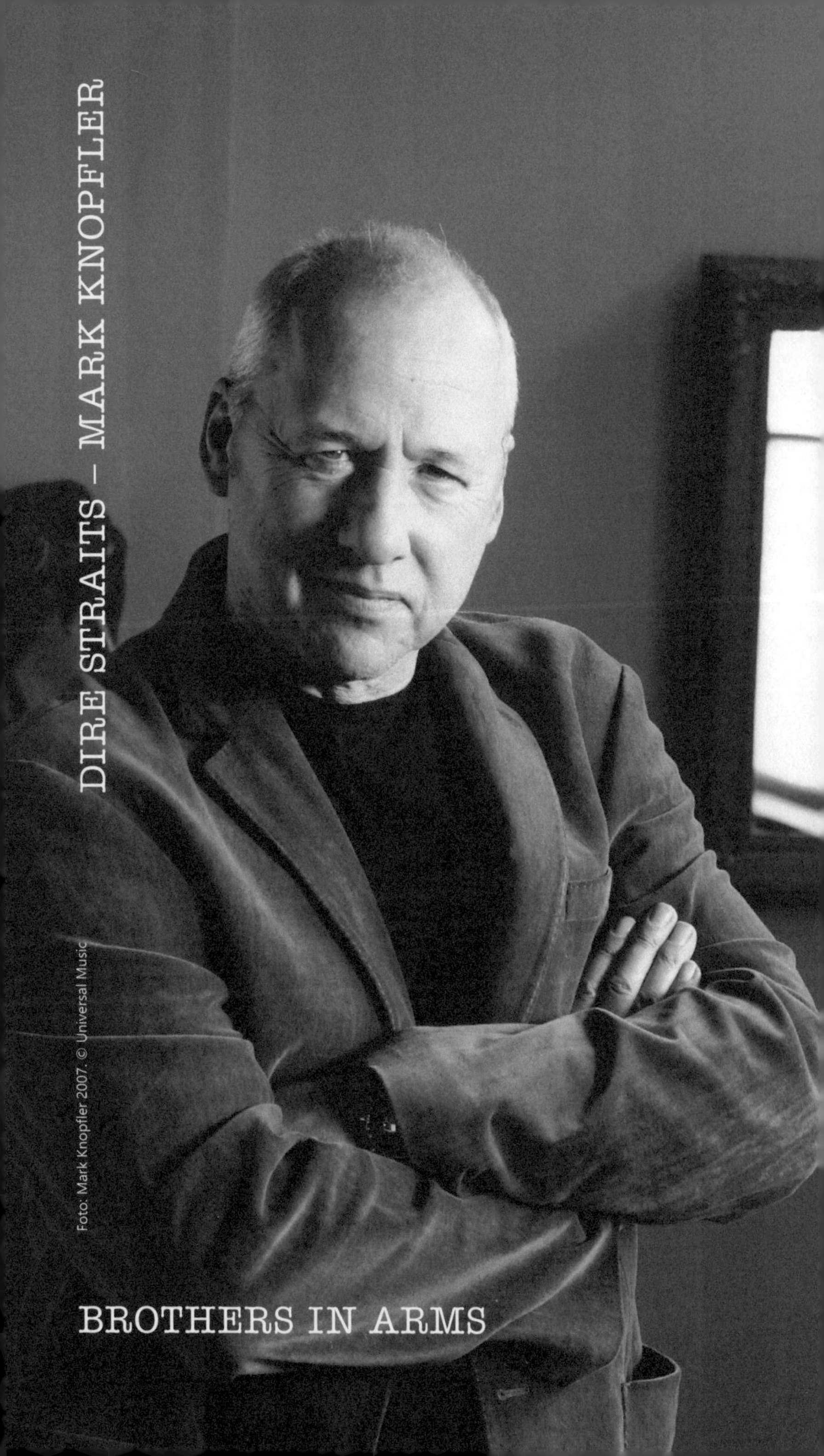

Foto: Mark Knopfler 2007. © Universal Music

4

Brothers in Arms (1985) Interpreten: Dire Straits

Musik & Text: Mark Knopfler
Coverversionen: Joan Baez, Metallica, Northern Kings

We're fools to make war" – „Wir sind verrückt, Kriege zu machen!" Mark Knopfler gelang ein melancholischer und mitreißender Anti-Kriegs-Rocksong. Beeindruckt vom Falkland-Krieg schrieb er schon im Jahr 1982 *Brothers in Arms* („Waffenbrüder"). 1985 erschien der Song auf dem gleichnamigen Album. Mit seiner Band *Dire Straits* und nach deren Auflösung solo spielte und sang er ihn unzählige Male in den größten Stadien und Hallen der Welt; Knopflers rauchige Stimme und seine schwebend-klagenden Gitarrensoli bringen den Song und seine Friedensbotschaft offensichtlich in die Herzen der Menschen. In seinen Konzerten sehe er muskulöse Kerle vor der Bühne weinen, verriet er im Interview.

Der Song ist ein lyrischer Monolog eines sterbenden Soldaten, gerichtet an seine Kameraden. „Diese nebelverhangenen Berge sind jetzt mein Zuhause", beginnt er. Er erinnert daran, dass er das Leid seiner Waffenbrüder auf den „Feldern der Zerstörung" und deren „Feuertaufen" miterlebt habe. Er hoffe, dass sie bald wieder heimkehren können in ihre Heimat, auf ihre Höfe. Dann bedankt er sich bei ihnen für ihre Treue und ihren Beistand. Den baldigen Tod vor Augen, wird er philosophisch und wendet sich auch an die Soldaten der gegnerischen Seite – und mit ihnen an alle Soldaten der Welt: Aus dem „Sternenlicht" und aus „jeder Linie deiner Handfläche" könnten sie den Irrsinn des Krieges herauslesen.

Der Zauber des Songs liegt in der sparsamen und unspektakulären Beschreibung der Szenerie. Und in Knopflers Gelassenheit. „Nur so entstehen jene leichthändigen Melodielinien, die in ihrer menschenfreundlichen Sentimentalität Trost und Trotz gleichermaßen atmen", konstatierte die F.A.Z. und lobt die „magische Einheit" seiner samtenen Stimme mit den virtuosen Gitarrenklängen. Ein weiterer Grund für die Tiefe des Songs könnte in der Biografie Knopflers liegen. Sein Vater floh wegen seiner jüdischen Herkunft und seines antifaschistischen Engagements 1939 aus Ungarn nach Glasgow; das Thema Flucht und Krieg dürfte eine gewichtige Rolle im Hause Knopfler gespielt haben. Gegenüber diktatorischen Regimes ist Mark Knopfler kritisch und trägt auch die Konsequenzen. So sagte er 2013 Konzerte in St. Petersburg und Moskau ab – aus Protest gegen die Razzien russischer Behörden gegen die Menschenrechtsorganisationen Amnesty International und Human Rights Watch.

Im Jahr 2007 nahm die BBC anlässlich des 25. Jahrestags des Falklandkriegs den Song neu mit Mark Knopfler auf; die Erlöse kamen der „South Atlantic Medal Association" zugute, die sich um die Veteranen des Falklandkrieges kümmert. Er sei sehr bewegt, auf diese Weise Veteranen zu helfen, sagte Knopfler.

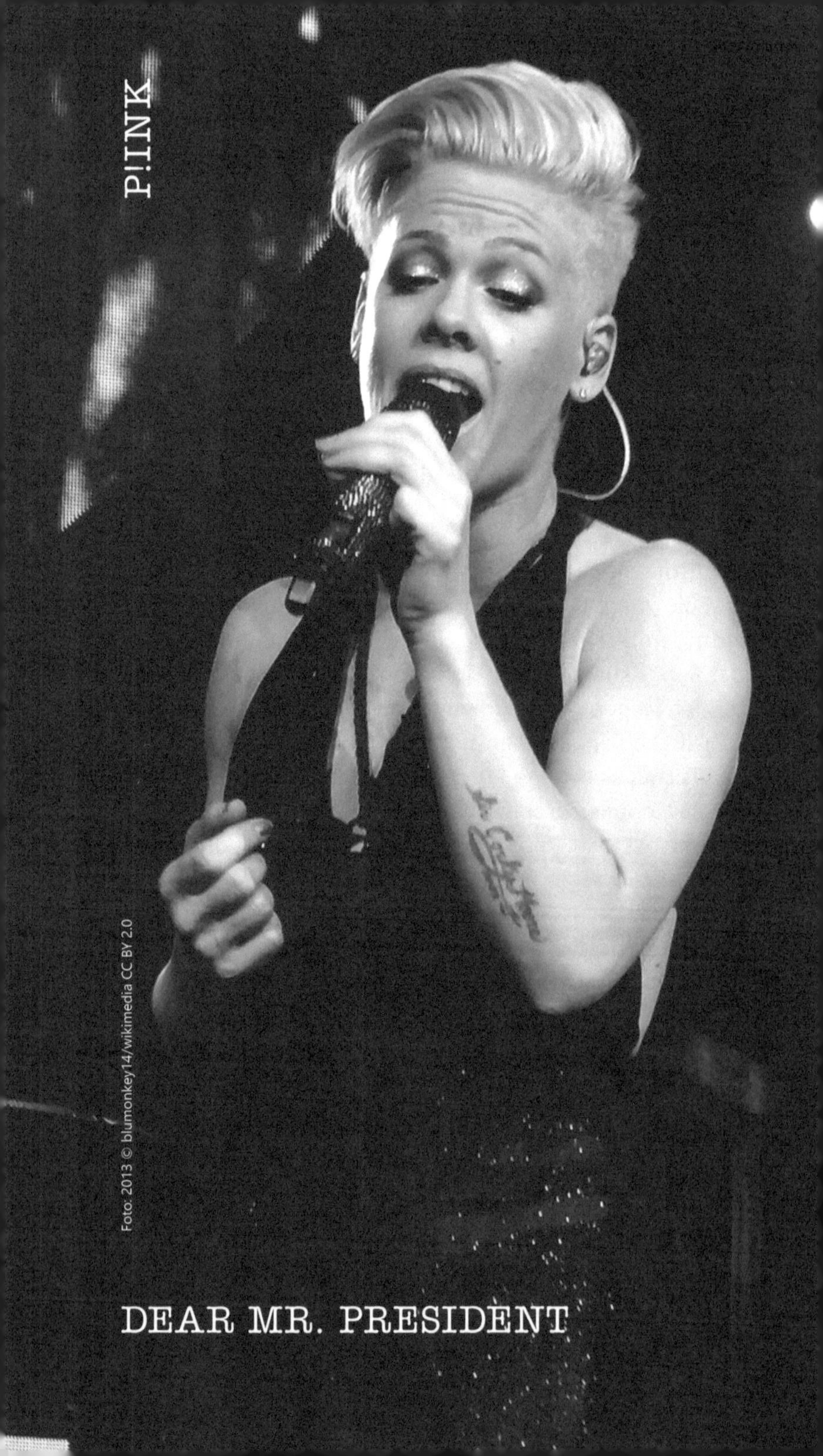
P!INK
DEAR MR. PRESIDENT

5

Dear Mr. President (2006) P!NK

Musik & Text: William Hort Mann, Alecia B. Moore
Coverversion: Four Non Blondes

Mit Rocksängerin *P!NK* einmal spazieren zu gehen – davon träumen viele. Nur der, mit dem sie gerne mal spaziert wäre, der hat ihr Angebot nie angenommen: US-Präsident George W. Bush. Hunderte Male sang sie „Dear Mr. President, come take a walk with me" von den Bühnen auf der ganzen Welt. Ihre Videos zum Song haben sich mehr als 25 Millionen Menschen angeschaut. Erfolglos: No walk with *P!NK* and President.

Aber auch verständlich. Präsident Bush müsste sich viel anhören, würde es zu dem Spaziergang kommen. Die Fragen, die sie ihm stellen würde, hat sie in ihrem Song bereits formuliert: Wie fühlst du dich, wenn du all die Obdachlosen in den Straßen siehst? Was fühlst du, wenn du in den Spiegel schaust? Kannst du eigentlich gut schlafen, wenn du daran denkst, dass Mütter keine Chance haben, sich von ihren Söhnen zu verabschieden? Was ist das für ein Vater, der seine eigene Tochter verstoßen würde, weil sie lesbisch ist? Zu wem betest du eigentlich, bevor du zu Bett gehst?

In ihren gigantischen Bühnenshows verschafft *P!NK* dem Lied größte Aufmerksamkeit – nicht etwa durch Akrobatik oder Bombastik-Rock, sondern durch Stille. Nur mit einem Akustikgitarristen und drei Sängerinnen sitzt sie auf Barhockern im Scheinwerferkegel. Auf den riesigen Monitoren neben der Bühne laufen Videos aus den Kriegs- und Krisengebieten der Welt. Für einige Minuten geht es nicht um Party, sondern um Tacheles. Musikalisch kommt *Dear Mr. President* als kraftvoller Folk-Song daher. Mal rotzig, mal gefühlig singt *P!NK* ihren offenen Brief, dazu hört man kunstvoll mehrstimmig die Backgroundsängerinnen.

Mit dem Song spricht *P!NK* vielen aus dem Herzen – vor allem den Menschen in den USA, die die Politik des damaligen, aber auch folgender Präsidenten kritisieren. Auf die Songidee sei sie gekommen, als sie begann, sich mit Politik zu beschäftigen, erzählte sie einmal. Im Alter von 25 Jahren – also im Jahr 2004 – habe sie plötzlich brennendes Interesse daran gehabt zu wissen, was in der Welt vor sich geht – und was das bedeutet für ein Mädchen oder eine Frau. Täglich las sie die Zeitung und stellte sich die Frage: „And who the f--k is this guy we're calling our president?" Daraufhin habe sie *Dear Mr. President* geschrieben, gemeinsam mit dem Songwriter Billy Mann.

Mit dem Song verliehen sie allen linken Kritikerinnen und Kritikern des US-Präsidenten eine Stimme. Viele Themen brachten sie in dem musikalischen offenen Brief unter – zum großen Teil in rhetorischen Fragen. Die Frage nach den Müttern, die nicht Abschied nehmen können, bezieht sich auf den 2003 begonnenen Krieg der USA gegen den Irak, mit dem u. a. die Terroranschläge vom 9. November 2001 vergolten werden sollten. Mehr als 3.500 Soldaten starben während der Kampfhandlungen.

Eine andere Frage gilt der nur schleppend anlaufenden Hilfe, die die US-Regierung den Opfern des verheerenden Hurrikans „Katrina" (2005) zukommen ließ, der rund eine Million Menschen obdachlos werden ließ. Ein umstrittenes Bildungsgesetz („No Child Left Behind Act") wird ebenso angeprangert wie die strenge Abtreibungsgesetzgebung und die rigide Haltung des Präsidenten zur rechtlichen und moralischen Gleichstellung homosexueller Partnerschaften. Dieses Thema hatte besondere Brisanz, da die Tochter des Vizepräsidenten Dick Cheney sich als lesbisch geoutet hatte. Schließlich geht *P!NK* den Präsidenten sehr persönlich an und thematisiert dessen frühere Alkoholsucht und Berichte, nach denen Bush in seiner College-Zeit wegen Drogenbesitzes festgenommen wurde: „Du hast es weit gebracht nach Whisky und Cocaine!" Heute sagt *P!NK*, *Dear Mr. President* sei der wichtigste Song, den sie je geschrieben habe. Vielleicht hat sie bei George W. Bush ja tatsächlich etwas damit erreicht. Zwar hat er sich öffentlich nie dazu geäußert – doch, immerhin, scheint er im Alter etwas von seinen streng konservativen Einstellungen zu lassen. Als einer von wenigen Republikanern war er von der Wahl Donald Trumps zum Präsidenten überhaupt nicht begeistert und kritisierte ihn nach dessen Amtseinführung scharf. Als Altershobby hat Bush die Malerei gewählt. In Öl malt er Porträts von amerikanischen Soldaten – und von Einwanderern. „Die vermeintliche Zartfühligkeit der Bilder und das Pathos der Begleittexte vermitteln fast so etwas wie Reue ob des eigenen Vermächtnisses", kommentierte die Süddeutsche Zeitung. In jedem Fall wird deutlich: Mister President setzt sich mit seinem Tun auseinander. Vielleicht eine Spätfolge auch von *P!NKs* Song? Und wer weiß – vielleicht kommt es doch noch zu dem Spaziergang und zu gemeinsamen Gesprächen über Krieg und Frieden?!

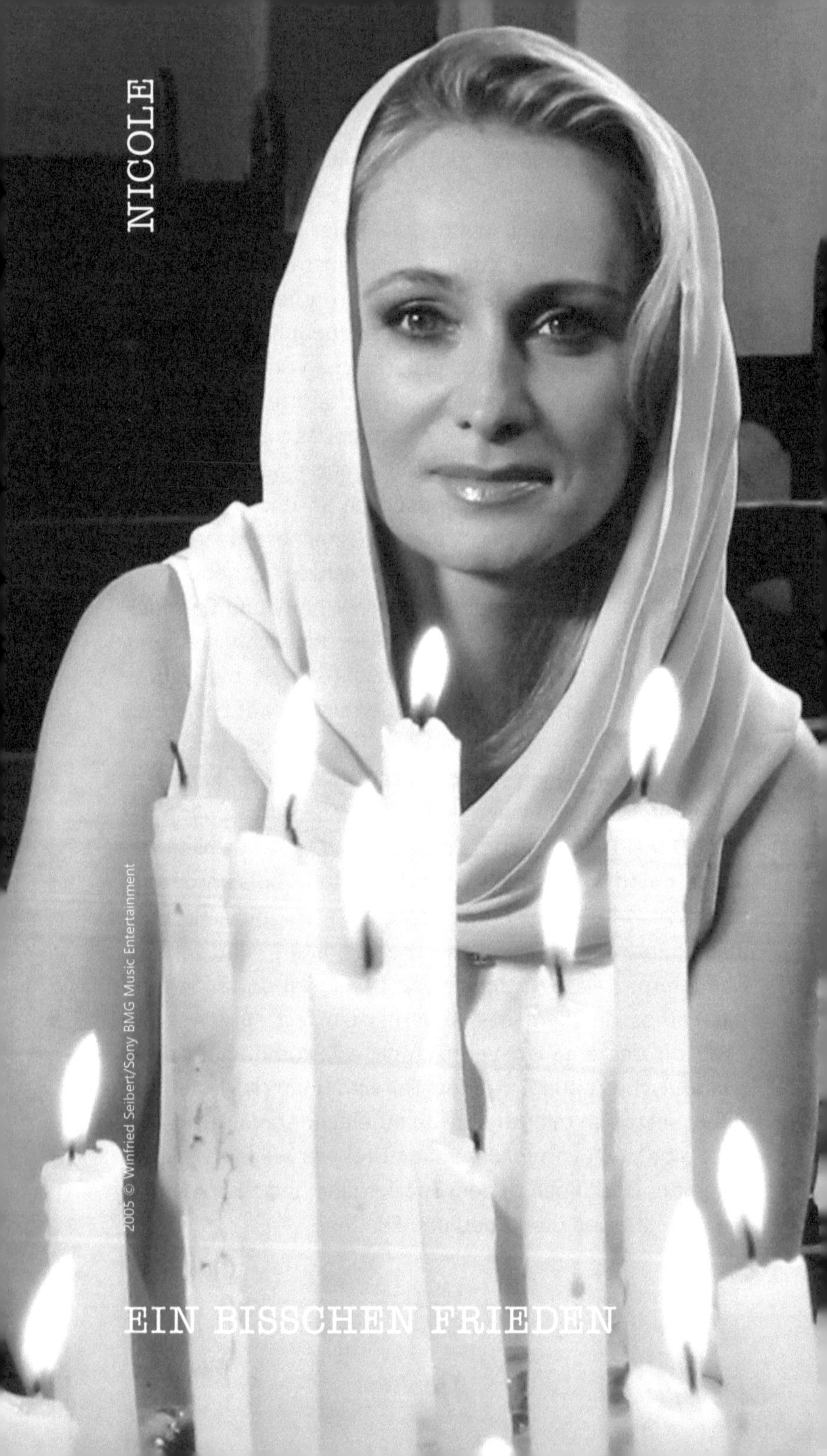
NICOLE
2005 © Winfried Seibert/Sony BMG Music Entertainment
EIN BISSCHEN FRIEDEN

6

Ein bisschen Frieden (1982)
Nicole

Musik: Ralph Siegel, Text: Bernd Meinunger
Coverversionen: Rednex, Panzerball, Welle:Erdball

Während am 24. April 1982 die siebzehnjährige Gymnasiastin Nicole beim europäischen Liedwettbewerb „Eurovision Song Contest" im britischen Harrogate das Lied *Ein bisschen Frieden* sang, stand die Welt vor dem Ausbruch eines neuen Krieges. Argentinische Truppen hatten die zu Großbritannien gehörenden Falkland-Inseln besetzt. Zwei britische Flugzeugträger waren unterwegs, Geheimdienste zwischen Peru und den USA ventilierten, um eine offene Eskalation abzuwenden.

„Sing mit mir ein neues Lied, dass die Welt in Frieden lebt!" Der fromme Wunsch Nicoles wirkte in dieser Situation einerseits widersinnig und naiv, andererseits traf er den Nerv der Zeit. Die Nachricht vom Ausbruch des Falklandkriegs war ja nur eine von vielen Schreckensmeldungen. Die Machtblöcke der Welt rüsteten immer weiter auf, die Angst vor einem neuen Weltkrieg, der mit Atomwaffen die Erde zerstören könnte, wuchs. Verständlicherweise gewann *Ein bisschen Frieden* mit Abstand den ersten Preis. Als Nicole beim Finale das Lied noch einmal sang, sang sie es auch in mehreren Sprachen. Millionen Menschen waren gerührt – und ahnten doch: Ein kleines Lied wird es nicht schaffen, die Kriege der Welt zu beenden. Es braucht mehr als nur „ein bisschen Frieden".

Das Lied ist das strategisch geplante Ergebnis professioneller Inszenierung und Komposition. Es stammt aus der Feder des Schlagerkomponisten Ralph Siegel und des Texters Bernd Meinunger. Den beiden gelangen unzählige Nummer-eins-Hits. Ihr Ziel: einen Schlager zu produzieren, der auf dem Zeitgeist schwimmt und kommerziell erfolgreich ist. Das hieß 1982: Die Friedensfrage musste auf eine Weise aufgegriffen werden, die nicht verschreckte und auch für konservativ gesinnte Menschen kompatibel war. Um kommerziell erfolgreich zu sein, durfte das Lied nicht zu politisch wirken, sollte aber die Menschen auf der Gefühlsebene ansprechen und ihre Ängste aufnehmen. Der Frieden sollte ohrwurmtauglich werden.

Mit der siebzehnjährigen Nicole hatten Siegel und Meinunger eine Interpretin gefunden, die das Lied angemessen präsentierte. Im züchtig geschlossenen Kleid und mit weißer Gitarre saß sie engelsgleich auf einem Barhocker und sang mit klarer Stimme: „Wie eine Blume am Winterbeginn und so wie ein Feuer im eisigen Wind, wie eine Puppe, die keiner mehr mag, fühl ich mich an manchem Tag." Dann sah sie „Wolken, die über uns sind", hörte „Schreie der Vögel im Wind". Sie hoffte, „dass nichts geschieht", und sang ihr Lied „aus Angst vor dem Dunkeln".

Der Refrain besteht aus Wünschen: „Ein bisschen Frieden", „ein bisschen Träumen" und „ein bisschen Liebe" mögen einkehren, damit „die Menschen nicht so oft weinen" und sie „die Hoffnung nie mehr verlier[t]". Die Menschen sollen mitsingen, damit „die Welt in Frieden lebt". Die einfache Melodie im durchgehenden Viervierteltakt schwebt zwischen Lagerfeuerromantik und Schunkelschlager. Das Arrangement zielt auf die Herzen: Der Song beginnt mit Gitarre und Stimme, eine Harfenistin zupft dann dazu, und am Ende streichen Geigen und ein Chor wiederholt den Refrain, während Nicole darüber singt.

Die Presse verriss den Auftritt. Die Darbietung sei eine „Mischung aus romantischer Emotionalität und hysterischer Weltuntergangsstimmung"; „das wichtigste menschliche Bedürfnis, eben der Frieden, droht zum Mode-Gag zu werden. Hier wurde ein allgemeines Anliegen zum naiven Schlagerhit intoniert".

All dieser Kritik zum Trotz hielt sich das Lied in mehreren europäischen Hitparaden (und Sprachen) wochenlang auf Platz 1. Nicole wurde zum BRAVO-Star. Sie erklärte der Jugendzeitschrift im Interview: „Politik interessiert mich nicht." Außerdem glaube sie nicht, dass die Friedensbewegung in der Welt etwas verändern könne. Kulturkritiker sezierten ihren Auftritt beim „Eurovision Song Contest". Nicole habe das Klischee der von der konservativen Kohl-Regierung ausgerufenen Werte der „geistig-moralischen Wende" erfüllt, hieß es da: Biederkeit, sexuelle Zurückhaltung, Disziplin, mädchenhafte Unschuld und Entpolitisierung.

Heute ist *Ein bisschen Frieden* zum Kultschlager geworden – und gehört in jedem Fall in die Liste der erfolgreichsten Friedenslieder. Denn immerhin: Das Lied brach die Friedensfrage auf Schlagerniveau herunter und brachte sie somit in die

Wohnzimmer auch konservativer Familien, denen etwa der politisch-rotzige Udo Lindenberg („Wozu sind Kriege da?") und die kess-punkige Nena („99 Luftballons") nicht auf den Bildschirm kamen. Und so gingen auch sie ein Friedenslied summend durch den Alltag.

Im Frühjahr 2022 erlebte *Ein bisschen Frieden* ein Revival auf den Schlagerbühnen wie in Kirchengemeinden. Und bringt seither viele wieder zum Nachdenken darüber, ob ein bisschen Frieden denn reicht.

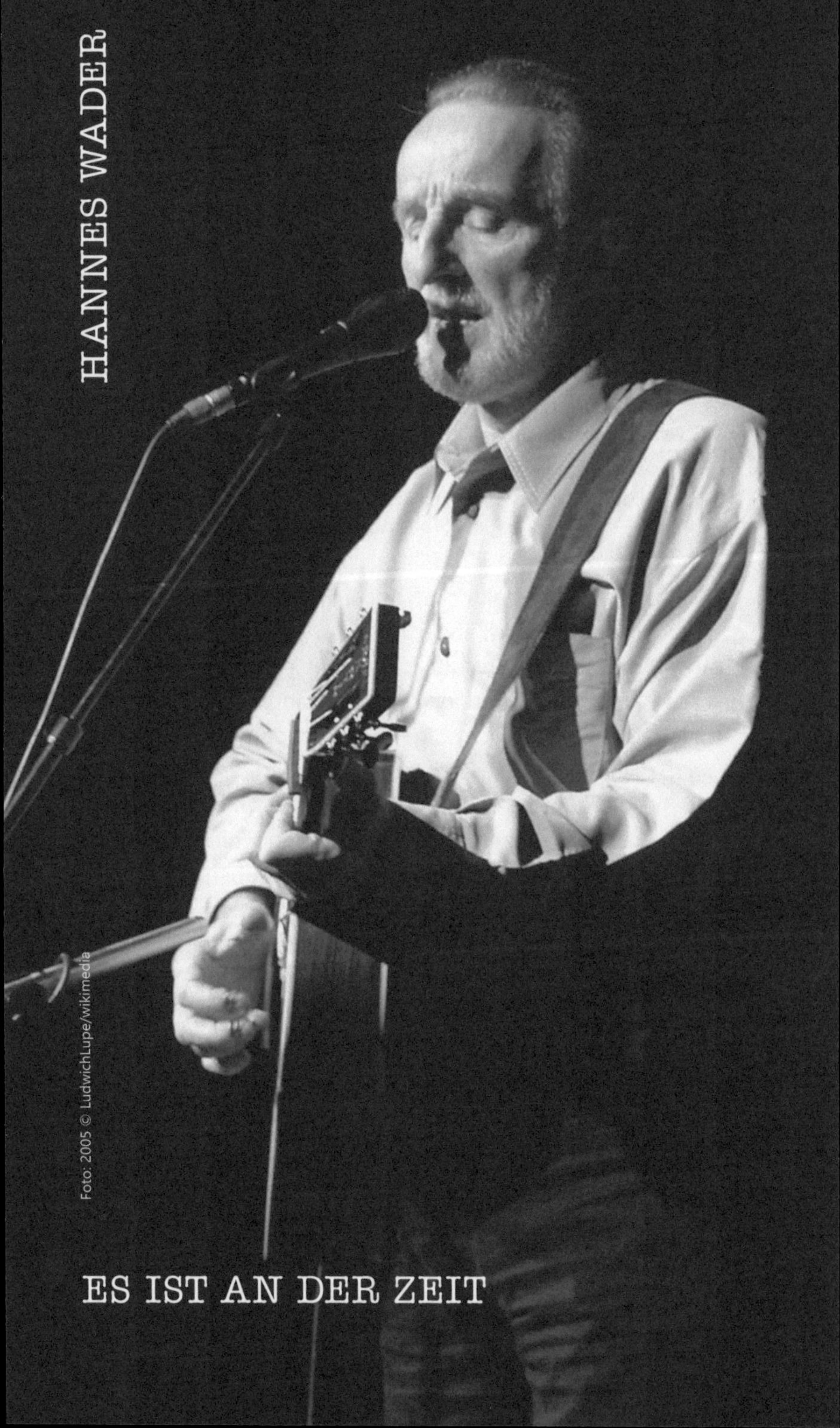

Foto: 2005 © LudwichLupe/wikimedia

7

Es ist an der Zeit (1981)
Hannes Wader

Musik: Eric Bogle, Text: Eric Bogle/Hannes Wader
Coverversionen: Reinhard Mey, Konstantin Wecker, NoRMAhl, Alligatoah

Englische Originalversion (1976): Eric Bogle
Coverversionen: The Men They Couldn't hang, Donovan, Joss Stone & Jeff Beck

Der Gänsehautfaktor ist hoch, wenn Deutschlands bekanntester Folk-Sänger Hannes Wader *Es ist an der Zeit* anstimmt. Die Geschichte ist perfekt erzählt und dramatisch – kommt aber dennoch im beschwingten Dreivierteltakt daher. Das könnte auch so gedeutet werden: Die Erinnerung an das Leid von Millionen gefallener Soldaten rührt an; wenn wir sie als Aufforderung verstehen, uns tatkräftig für den Frieden zu engagieren, muss sie uns jedoch nicht runterziehen, sondern kann motivieren und sogar Lebensfreude wecken.

Das Lied führt die Zuhörer zu den Mohnblumenfeldern in der Champagne, einer idyllischen Landschaft nordöstlich von Paris. Riesige Soldatenfriedhöfe zeugen dort von den großen und brutalen Schlachten, die im Ersten Weltkrieg stattfanden. Der Liederzähler steht vor einem der Grabkreuze, es erinnert an einen neunzehnjährigen Soldaten, der 1916 starb. Es folgt ein imaginäres Gespräch mit dem Gefallenen: „Du hast ihnen alles gegeben, deine Kraft, deine Jugend, dein

Leben!", singt Wader und fragt: „Hast du, toter Soldat, mal ein Mädchen geliebt?" „Sicher nicht", vermutet Wader, „denn nur dort, wo es Frieden gibt, können Zärtlichkeit und Vertrauen gedeih'n." Wader versucht sich in den verzweifelten jungen Mann hineinzuversetzen: „Vielleicht dachtest du dir: ‚Ich falle schon bald, nehme mir mein Vergnügen, wie es kommt, mit Gewalt.'" Aus Scham vor sich selbst habe er es dann aber nicht getan. Auch über die Todesstunde sinniert Wader: „Ich hoffe, es traf dich ein sauberer Schuss. Oder hat ein Geschoss dir die Glieder zerfetzt, hast du nach deiner Mutter geschrien bis zuletzt? Bist du auf deinen Beinstümpfen weitergerannt? Und dein Grab, birgt es mehr als ein Bein, eine Hand?"
Vor dem Kreuz stehend, legt der Erzähler einen Schwur ab: Sollte die Menschheit noch einmal auf Kriegslügen hereinfallen, will er für den Frieden kämpfen und wachsam sein. Gut, dass sich „mehr und mehr Menschen bereit" finden, einen kommenden Weltkrieg „zu verhindern. Es ist an der Zeit!"

Mit *Es ist an der Zeit* schenkte Hannes Wader der westdeutschen Friedensbewegung ein weiteres hymnisches Mitsinglied. Er sang es mit dem Pathos eines linken Barden, ganz in der Tradition Pete Seegers. Tatsächlich stand Hannes Wader im Spektrum der Friedensbewegten ganz links; durch seine große Liebe zur echten, freiheitsliebenden deutschen Volksmusik war er jedoch auch in Kreisen beliebt, die mit Parteipolitik nicht viel am Hut hatten.

Es ist an der Zeit klingt folkig; das Original stammt von dem aus Schottland stammenden Musiker Eric Bogle. Während der tote Soldat dort den Namen Will McBride trägt, lässt Wader ihn – vermutlich aus dramaturgischen Gründen – namenlos. Bogle hatte 1976 mit seiner Frau die Militärfriedhöfe Frankreichs und Flanderns besucht. Von den Eindrücken bewegt, schrieb er das Lied „No Man's Land", das auch als „Green Fields of France" bekannt wurde. Im gesamten angelsächsischen Raum ist es bis heute ein beliebtes Friedenslied. Auch zum Gedenklied an die Gefallenen aller Kriege ist es inzwischen geworden. 2014 bat die „Royal British Legion" die prominente Soulsängerin Joss Stone und den Gitarristen Jeff Beck um eine eigene Version des Liedes. Die beiden sagten zu – es entstand eine sehr coole Rockversion. Im Video steht Joss Stone in einer künstlichen Mohnblumenlandschaft vor dem Londoner Tower. Mit dem Charity-Projekt unterstützte die „Royal British Legion" Veteranen und Angehörige gefallener britischer Soldaten.

Es ist an der Zeit blieb auch nach dem Zerfall der Ost-West-Blöcke aktuell. Bei einer Demonstration gegen den Irakkrieg im Februar 2003 sang Wader es gemeinsam mit Reinhard Mey und Konstantin Wecker. Für Wecker ist es „das stärkste Anti-Kriegslied, das es gibt. Der Text ist einfach atemberaubend". Nach einem gemeinsamen Konzert mit Wader soll einmal jemand gefragt haben: „Was bringen denn eure Friedenslieder?" Hannes Wader antwortete: „Mal anders gefragt: Was wäre, wenn es unsere Mosaiksteinchen nicht gäbe? Natürlich kann Kultur etwas verändern!"

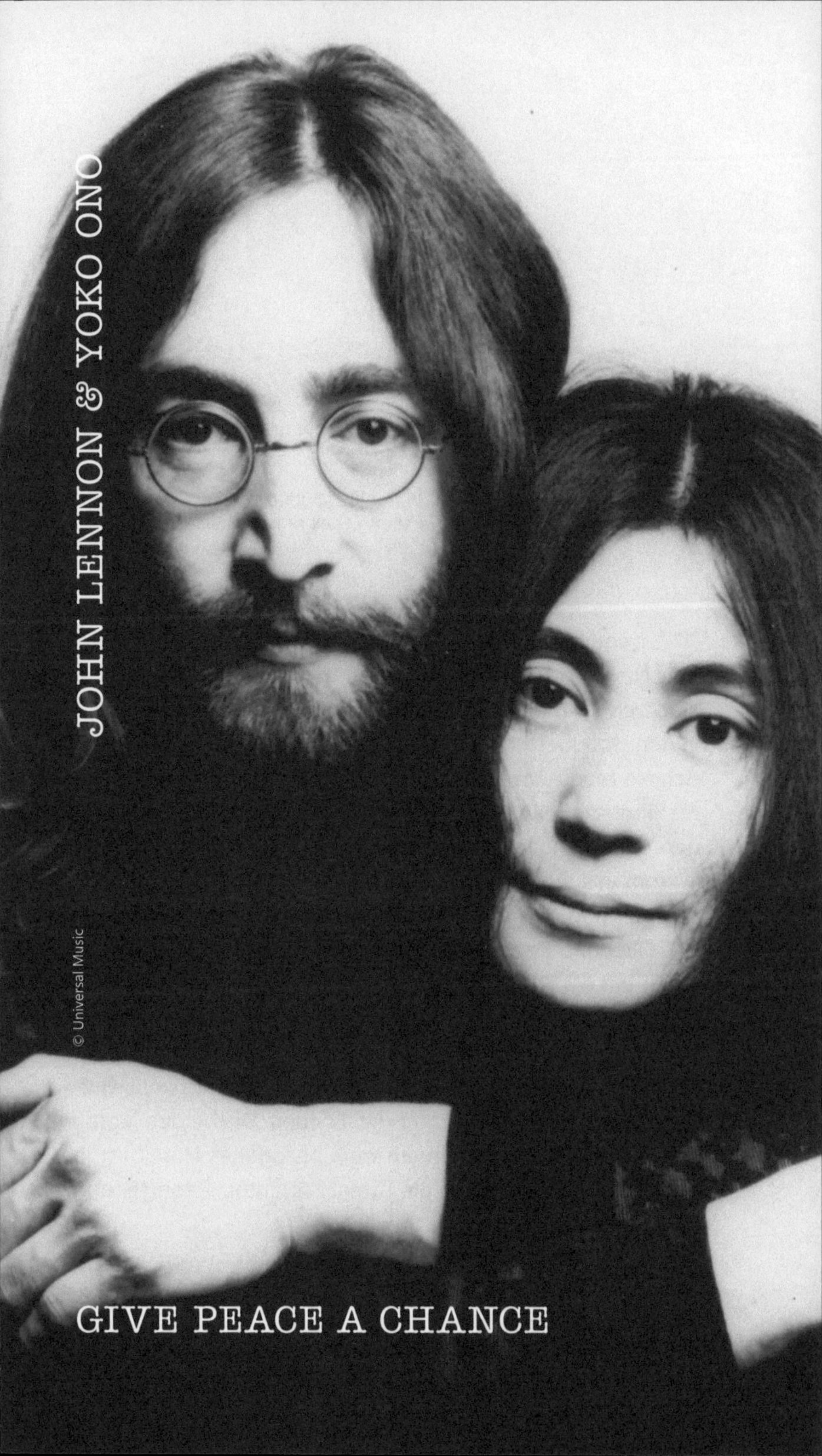
JOHN LENNON & YOKO ONO
GIVE PEACE A CHANCE

8

Give Peace A Chance (1969) John Lennon & Yoko Ono with The Plastic Ono Band

Musik & Text: John Lennon
Coverversionen: Paul McCartney, Lenny Kravitz, Julian Lennon

Eigentlich sind die Flitterwochen etwas sehr Privates. Nicht so bei John Lennon und Yoko Ono. Nach ihrer Hochzeit im März 1969 zelebrierten sie ihre (Friedens-)Liebe in den Hotelbetten ihrer Honeymoon-Reise öffentlich. Wenn sich ein Mega-Popstar mit seiner Frischvermählten den Pyjama überschmeißt und dazu die Welt einlädt, dann sind Fragen unumgänglich: Wieso macht ihr das? Weshalb im Bett? Warum ausgerechnet jetzt?

John Lennon und Yoko Ono waren die immergleichen Fragen von Fans und Reportern schnell leid. Aus ihrer Sicht ging es ja nur um ein Friedens-Happening. Die großen Friedens-Demos würden ja leider nicht den gewünschten Effekt bringen! Lennon hatte Erfahrung mit Prominenz, Yoko Ono mit Aktionskunst. Also ersannen die beiden eine öffentlichkeitswirksame Aktion: ein „Bed-In" für den Frieden. Die beiden legten sich in weißen Pyjamas in ein weiß bezogenes Hotelbett in Amsterdam und öffneten die Türen. Passanten, Reporter und Fans kamen und staunten.

Der immer gleichen Fragen müde, antwortete Lennon schließlich: „Alles, was wir sagen wollen, ist: ‚Gebt dem Frieden eine Chance!'" Die Zeile sprach sich gut: „All we are saying – is give peace a chance." Kurzerhand gab er den Worten eine Melodie und sang sie. Das Ergebnis war so eingängig, dass die Menschen mitsangen. Zwischendrin rappte Lennon Nonsens-Texte, in denen er intellektuelle Erklärungen so zusammensetzte, dass sie ihre Wichtigkeit verloren. Ein dadaistisches Wortspiel, in dem er die Mühe der Friedensdiskussionen als nutzlos entblößt. „Alle reden über Bagism, Shagism, Dragism, Madism, Ragism, Tagism, This-ism, that-ism, is-m, is-m, is-m ..." sang er, dann mündete das Wortspiel in die griffige Zeile „All we are saying is give peace a chance". Und weiter ging es in den Strophen, von „Rabbi" zu „Popeye", von „Minister" zu „Kanister", von „Revolution" zu „Masturbation". Und schließlich schmiss Lennon lauter Namen in einem Rap zusammen: „John and Yoko, Timmy Leary, Rosemary, Tommy Smothers, Bobby Dylan, Tommy Cooper, Derek Taylor, Norman Mailer, Alan Ginsberg, Hare Krishna, Hare, Hare Krishna."

Die „Bed-Ins", die an mehreren Orten stattfanden, wurden fortan auch „Sing-Ins". Am 1. Juni ließ Lennon das Event in einem Montrealer Queen-Elizabeth-Hotel aufnehmen – als Audio und Video. Ein weiterer Gitarrist spielte mit, alle Anwesenden sangen, dabei auch Sängerin Petula Clark. Auf dem Video sind auch Hare-Krishna-Mönche zu sehen, die zu dem Song im proppenvollen Hotelzimmer tanzen. Im Tonstudio wurde die Aufnahme etwas nachbearbeitet und Anfang Juli veröffentlicht.

Der Song traf den Nerv der Zeit: Der Vietnamkrieg tobte noch, auf der ganzen Welt fanden Friedensdemonstrationen statt. *Give Peace a Chance* ließ sich einfach mitsingen; der gleichmäßige Rhythmus hatte etwas Mantraartiges, und es ließ sich gut dazu klatschen. Im November sangen eine halbe Million Menschen, die am Vietnam-Memorial-Day in Washington für den Frieden demonstrierten, den Song.

Fortan war – und ist – er auf Friedens-Demos auf der ganzen Welt präsent. Auch nach der Ermordung John Lennons sangen ihn Fans in New York. Bei YouTube sind unzählige Chöre und Cover-Sängerinnen und -Sänger zu sehen, aus Russland wie den USA, aus Südafrika und Australien. Nach der Invasion Russlands in der Ukraine spielten ihn 200 europäische Radiosender zeitgleich, um gegen diesen Krieg zu protestieren. Trotz aller Kriegsnachrichten: Es ist nie zu spät, dem Frieden eine Chance zu geben.

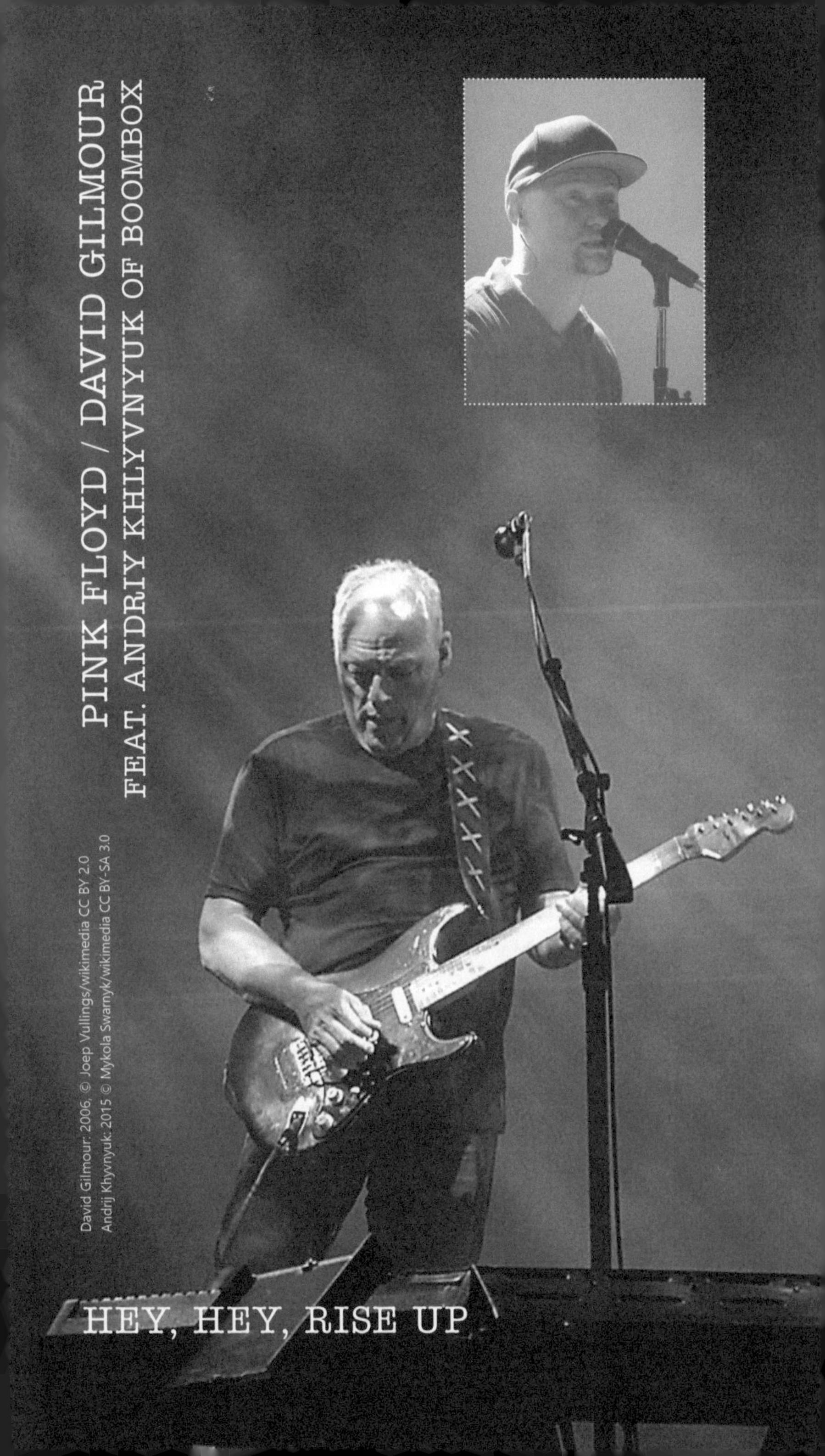
PINK FLOYD / DAVID GILMOUR
FEAT. ANDRIY KHLYVNYUK OF BOOMBOX
HEY, HEY, RISE UP

9

Hey Hey Rise Up (2022) Pink Floyd feat. Andriy Khlyvnyuk of Boombox

Musik: traditionell/David Gilmour; Text: traditionell

Was macht ein Musiker, wenn er auf Tournee ist und sein Heimatland angegriffen wird? Die Frage musste sich Andriy Khlyvnyuk Ende Februar 2022 stellen. Für den Frontmann der ukrainischen Rockband Boombox war klar: Er muss schnellstens aus den USA zurück in die Ukraine und sein Land mit der Waffe verteidigen. Seine Prominenz nutzte er über Instagram, um so um Unterstützung für die Ukraine zu werben. Am 27. Februar, drei Tage nach dem russischen Einmarsch, veröffentlichte er ein Video: Darin steht er in Kampfmontur und mit Maschinengewehr auf dem menschenleeren Sophienplatz in Kiew. Ganz allein singt er ein ukrainisches Widerstandslied, das auf ein altes Volkslied zurückgeht: „O roter Schneeball auf der Wiese". „Schneeball" ist der Name eines Strauches, der in der Ukraine das Symbol des Wiedererstarkens und der Heimat ist.

Das Video ging um die Welt. In Südafrika sah es der Musiker „The Kiffness" und unterlegte es mit Instrumentalmusik – Millionen Menschen schauten das Video. Auch die in London lebende Designerin Janina Pedan war angetan. Sie schickte es ihrem Schwiegervater, dem Pink-Floyd-Musiker David Gilmour. Er war ebenfalls tief bewegt. Der 76-jährige Weltklasse-Gitarrist hatte sich schon für viele soziale Projekte eingesetzt und war empört über Russlands Krieg und die in der Ukraine begangenen Gräueltaten: „Wir leben in einer Welt, in der es nach einem Fünftel des 21. Jahrhunderts immer noch zu dieser obszönen Situation kommen kann. Es ist unfassbar. Es ist für mich unbegreiflich."

Gilmour wollte etwas gegen den Krieg tun. Nur was? „Ich dachte, wir könnten unsere Bekanntheit für etwas wirklich Gutes nutzen", erklärte er später. Denn immerhin: Pink Floyd sind noch immer eine weltbekannte Rockband. Er erzählte zwei Bandkollegen von seiner Idee, und die drei fassten einen Plan: Sie wollten „eine Friedensbotschaft verbreiten und die Stimmung der Menschen heben, die in der Ukraine ihre Heimat verteidigen". Dafür wollten sie den Song mit einer eigenen Pink-Floyd-Komposition unterlegen.

Gilmour kontaktierte Khlyvnyuk; er erreicht ihn im Krankenhaus, wo er eine Verletzung durch einen Granatsplitter behandeln ließ. „Ich habe ihm am Telefon ein wenig von dem Song vorgespielt, und er gab mir seinen Segen. Wir hoffen beide, dass wir irgendwann in der Zukunft leibhaftig etwas zusammen machen werden", erzählte Gilmour.

Am 30. März gingen Pink Floyd in Gilmours alte Scheune und nahmen den Song auf. Khlywnyuks Gesang verband sich mit typischem Pink-Floyd-Sound. Auf seiner alten Fender Stratocaster spielte David Gilmour großartige Soli, in denen die Tragik des Krieges musikalischen Ausdruck fand.

Die Musikwelt war entzückt. Zum ersten Mal nach 30 Jahren nahmen Pink Floyd wieder etwas auf! Im Video ist die Band zu sehen, dazu dokumentarische Aufnahmen aus dem Krieg in der Ukraine sowie Ausschnitte aus Andriy Khlyvnyuks Instagram-Video. Auf der Single *Hey Hey Rise Up*, die kurz nach dem Video erschien, ist eine Sonnenblume zu sehen, ein weiteres Nationalsymbol der Ukraine. Die Erlöse des Songs sollen für humanitäre Zwecke in der Ukraine verwendet werden.

Auch die Fans sind erfreut über die Pink-Floyd-PR für die Ukraine – bis auf einen: den russischen Ex-Präsidenten und Putin-Gefolgsmann Dmitri Medwedew, der sich früher einmal als Pink-Floyd-Fan geoutet hatte. Er freute sich eher an einem Statement des Pink-Floyd-Mitbegründers Roger Waters, der 1985 aus der Band ausstieg, aber noch immer hohes Ansehen in Musikerkreisen genießt. Der hatte öffentlich gegenüber dem amerikanischen Sender CNN erklärt: US-Präsident Joe Biden „schürt das Feuer in der Ukraine. Das ist ein großes Verbrechen". „Es gibt noch adäquate Leute im Westen. Pink Floyd forever", schrieb Medwedew daraufhin im sozialen Netzwerk „vkontakte". Seinen Kommentar unterlegte er mit dem Lied „Wish You Were Here" („Ich wünschte, du wärst hier") von Roger Waters. Sein Gesichtsausdruck beim Hören des Friedenssong *Hey Hey Rise Up* dürfte dagegen ziemlich finster gewesen sein.

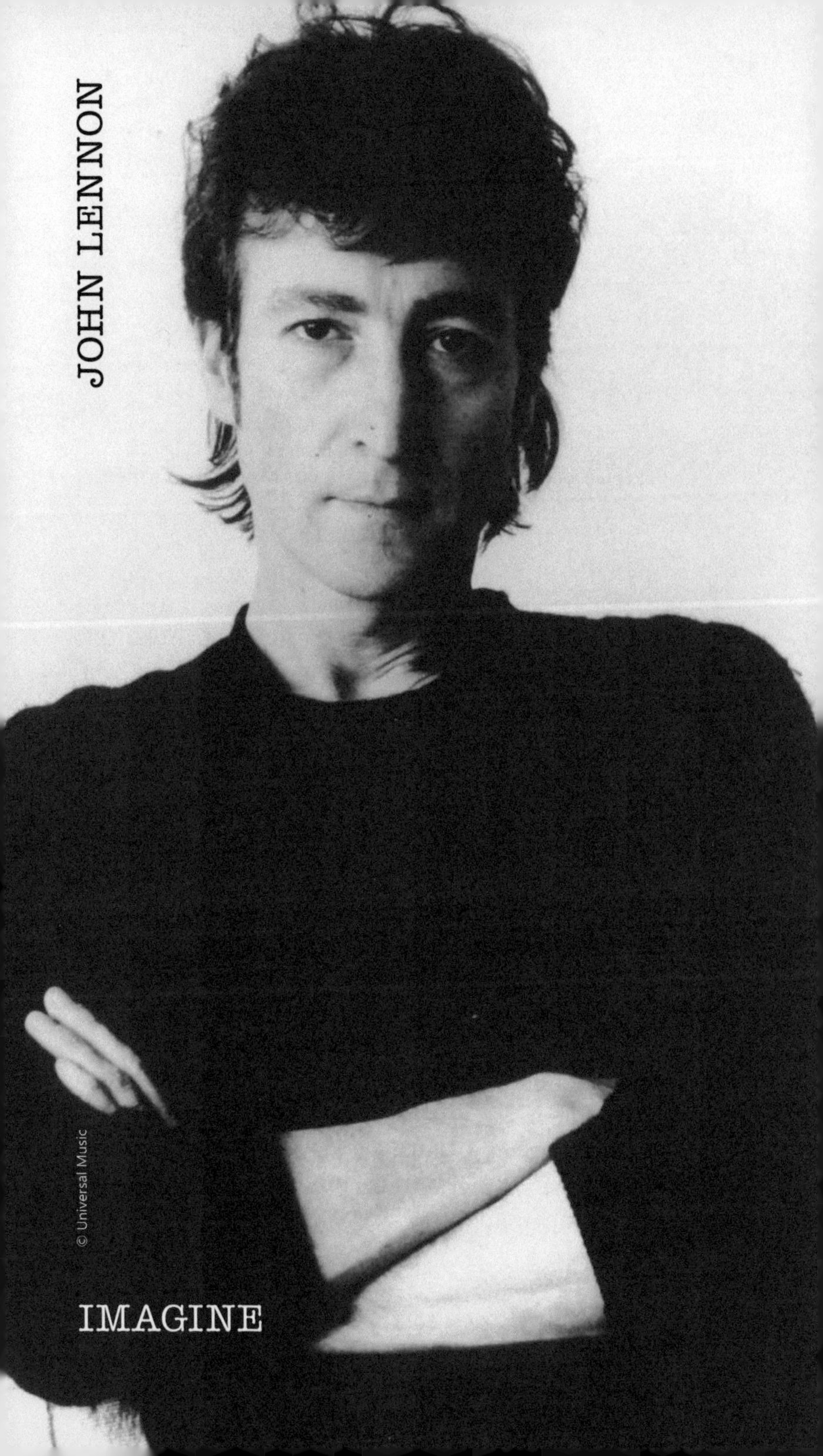
JOHN LENNON
IMAGINE

10

Imagine (1971)
John Lennon

Musik & Text: John Lennon
Coverversionen: Joan Baez, Diana Ross, Liza Minelli, Ray Charles, Madonna

Ein Gebetbuch, ein Gedicht seiner Liebsten Yoko Ono und viel *Love, Love, Love* im Herzen: Das waren die Zutaten, aus denen Ex-Beatle John Lennon seinen Welt-Friedens-Hit *Imagine* komponierte. Seit er die japanische Künstlerin Yoko Ono kennengelernt hatte, schwebte Lennon – trotz des Stresses mit seinen Beatles-Kollegen und anderer Krisen – im siebten Himmel. Ein Dreizeiler aus Yoko Onos Aktionskunst-Buch „Grapefruit" hatte Lennon inspiriert: „Stell dir vor, die Wolken tropfen. Grab ein Loch in deinem Garten und leg sie hinein!" Und dann war da noch ein christliches Gebetbuch, das ihm der Künstler und US-Bürgerrechtler Dick Gregory geschenkt hatte. Lennon entnahm ihm die Idee, dass man sich den Frieden vielleicht nur fest genug vorstellen, ihn „imaginieren" und – christlich gesprochen – für ihn beten müsse, damit er sich einstelle. Wenn sich nur genug Menschen eine Welt ohne Nationen, ohne privaten Besitz und ohne Religionen vorstellten – dann könnte er vielleicht ganz von selbst wahr werden.

Begleitet von einem wundervoll einfachen Klavier-Thema und wenigen soften Akkorden, ist *Imagine* auch musikalisch ein Vorgeschmack auf eine Welt des Friedens. Die Melodie wirke wie „eine Art Kinderlied", erklärte Lennon. Die kindlich naive Fantasie, die der Song auch dadurch wachruft, ist vielleicht ein weiterer Grund, weshalb er so viele Menschen berührt. Alles könnte so einfach sein, wären die Menschen nicht in Gier, Nationalismus und Gotteswahn verstrickt. Und durch die Schlichtheit der Komposition gelang Lennon noch etwas: Der Song ist eingängig. Heute können Millionen Menschen überall auf der Welt *Imagine* mitsingen.

In den Kirchen allerdings weiß man noch immer nicht recht, ob der Song so ganz im christlichen Sinne ist. Auf die Hölle kann man ja zur Not verzichten – aber „no heaven"? Die Vorstellung, es gebe einen solch paradiesischen Ort bei Gott, gehört schließlich zur Essenz des Glaubens! Eine Welt ohne Nationen, ok, das ist eine nette Vision. Aber eine Welt ohne Religion?! Lennon erklärte später, er habe keineswegs dazu aufgerufen, sich eine Welt ohne Gott zu denken – „obwohl du auch das darfst". Mit der Formulierung „no religion" meine er nicht eine Welt ohne Glauben, sondern „ohne dieses Mein-Gott-ist-größer-als-deiner-Gerede". Institutionalisierte Religionsgemeinschaften würden den Frieden nicht fördern. Aber: „Stell dir vor: keine Konfessionen. Sich vorzustellen, dass wir Jesus Christus, Mohammed, Krishna, Milarepa gleichermaßen verehren. Wir müssen keinen davon anbeten, wenn wir nicht müssen, aber stell dir vor, es gibt keine Katholiken/Protestanten. Keine Juden/Christen [...], wäre das schlimm?"

Von Christus halte er allerdings viel, bekannte Lennon: „Christus war perfekt. Das brachte man mir als Kind bei [...]. Ich versuche zu leben wie Christus. Es ist schwer, wirklich. Ich

weiß nicht, wie jemand wie ich, der alles infrage stellt, bis hin zur Farbe seiner Socken, an einen alten Mann im Himmel glauben kann." Im selben Interview erklärte er, was ihn an den „sogenannten Christen" stört: Sie seien „ständig dabei, sich und andere zu verdammen, Menschen zu predigen oder, schlimmer noch, für Christus zu töten. Keiner von denen kapiert, was es bedeutet, sich wie ein Christ zu verhalten." Und dann beschreibt Lennon seine Sympathien für die mystische Spielart des Glaubens: „Für mich sind die einzigen wahren Christen die Gnostiker, die an Selbsterkenntnis glauben, das heißt, selbst Christus zu werden, Christus in sich zu finden."
Vor diesem Hintergrund ist Lennons Empörung über eine Anfrage der „Weltkirche" gut nachvollziehbar. (Vermutlich meinte er mit ‚Weltkirche' den Ökumenischen Rat der Kirchen, die Dachorganisation hunderter Kirchen.) Die Kirche wollte den Song gerne verwenden, aber an einer Stelle ändern: Statt „no religion" sollte es „one religion" heißen. Das zeigte, dass die Verantwortlichen überhaupt nicht verstanden hatten, worum es ging. Eine solche Änderung würde schließlich die ganze Botschaft des Songs zunichtemachen.
Mit seiner Religionskritik hat Lennon leider zumindest teilweise recht behalten: Auch wenn die meisten Kirchen sich klar gegen den Krieg aussprechen, gibt es doch auch 2022 noch andere, die zum vermeintlich heiligen Krieg aufrufen.

Nach der Ermordung John Lennons im Jahr 1980 ist Yoko Ono weiter als Künstlerin tätig und engagiert sich als Friedensaktivistin. In Islands Hauptstadt Reykjavik schuf sie 2007 den „Imagine Peace Tower", eine gigantische in den Himmel ragende Lichtsäule, die in jedem Jahr an Lennons Geburtstag für einige Zeit zu leuchten beginnt.

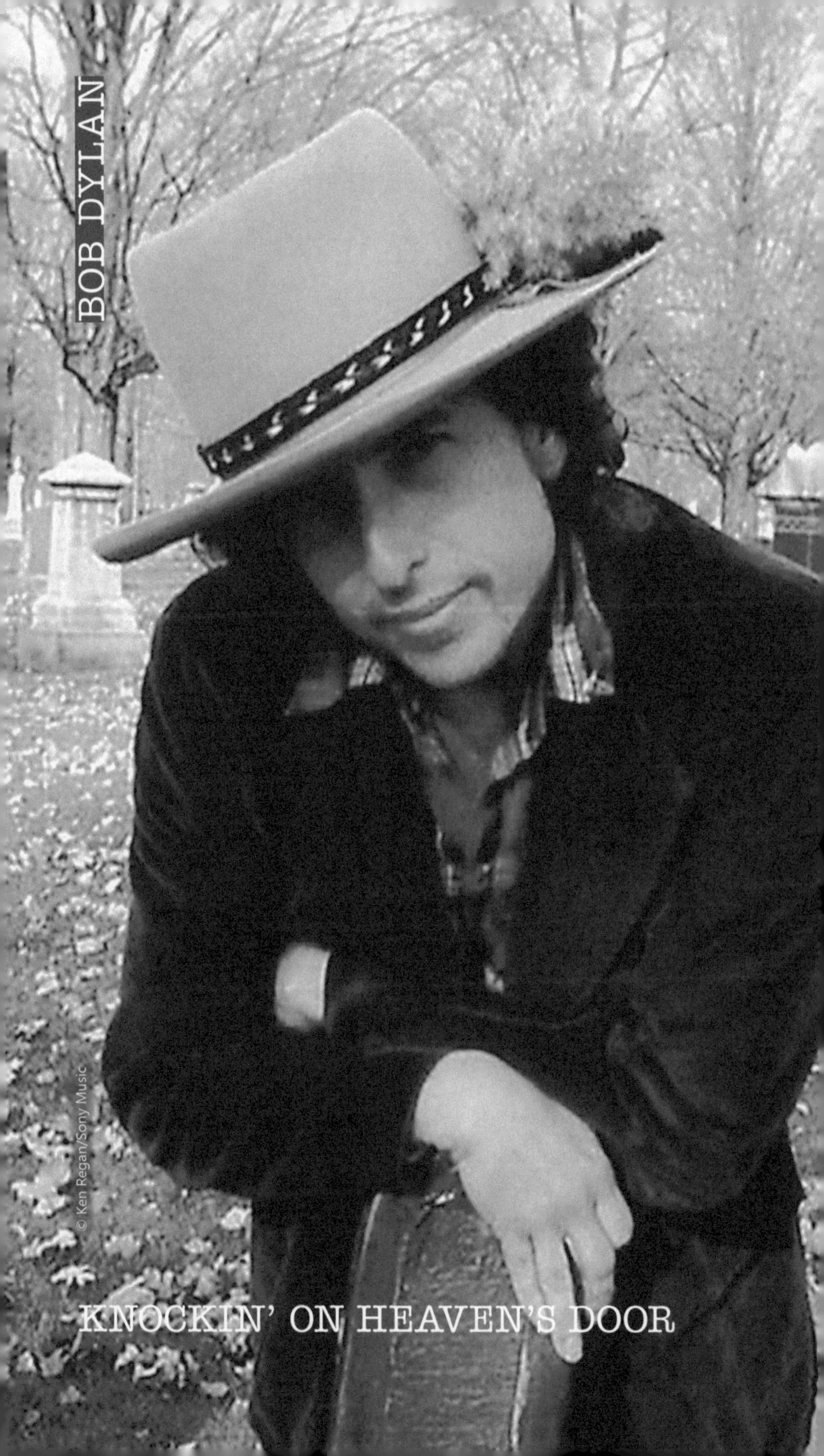
BOB DYLAN
© Ken Regan/Sony Music
KNOCKIN' ON HEAVEN'S DOOR

11

Knockin' On Heaven's Door (1973) Bob Dylan

Musik & Text: Bob Dylan
Coverversionen: Eric Clapton, Guns N'Roses, Randy Crawford, Michael Patrick Kelly
Deutsche Version (Text: Ina Müller): Ina Müller („Lockiget Hoor")

Ein Soldat wird von einer Kugel getroffen. Mit letzter Kraft reißt er sich sein Abzeichen von der Uniform. Angesichts des nahen Todes eine bewegende Aufforderung an seine Kameraden, zu desertieren: „Spielt das böse und blutige Spiel des Krieges nicht mehr mit, geht nach Hause!" Der sterbende Soldat kann nun mit gutem Gewissen an die Himmelstür klopfen. Denn mit seinem letzten Atemhauch hat er dem Krieg entsagt.

So hören die meisten den Song *Knockin' On Heaven's Door.* Mit ihm gelang Bob Dylan neben „Blowin' in the Wind" die zweite Friedenshymne mit Lagerfeuer-Flair. Als er sie schrieb, hatte er allerdings anderes im Sinn. Für sein Westernfilm-Projekt „Pat Garrett jagt Billy the Kid" bat Regisseur Sam Peckinpah Bob Dylan nicht nur, eine Rolle zu übernehmen, sondern auch die Filmmusik zu schreiben. Dylan lieferte ab – aber nicht herkömmliche Filmmusik, sondern typische Dylan-Songs mit Folk-Feeling und nasaler Stimme. Die Filmcrew war nicht begeistert – dennoch setzte Dylan sich durch. So kam es, dass zu einer der emotionalsten Stellen des Films ein Dylan-Song zu hören ist. Der alte Sheriff Colin Baker ist von einer Kugel niedergestreckt worden, er wankt, fällt hin und reißt sich seinen Sheriffstern von der Weste, während Dylan singt: „I can't use it anymore" – „Den brauch ich nie wieder". Die Kamera fährt nah ans Gesicht, und das Publikum ahnt: Hier ist ein wirklich Guter gestorben, der an der Himmelstür ganz gewiss nicht abgewiesen wird.

Mit dem Song gewährt Dylan auch einen Einblick in seinen Glauben. Er war jüdisch großgeworden und kannte die Bibel gut. Nach einem Motorradunfall hatte er sich von der Bühne zurückgezogen und lebte einige Jahre mit Frau und Kindern in der Wildnis nahe Woodstock. Dort führte er viele Gespräche mit einem katholischen Priester. In der Folgezeit hatte Dylan immer wieder Krisen zu überstehen. Das wilde Rockstarleben, Frauengeschichten und Drogen forderten ihr Tribut. 1978 spendete ihm eine christlich-fundamentalistische Kirche Trost, er bekehrte sich zu Jesus. Endlich konnte Dylan seine inneren Kämpfe befrieden. In den Songs dieser Zeit beschrieb er einen mystischen Gottesglauben, der jenseits der Religionsgrenzen auf Vertrauen zu Gott setzt.

Knockin' On Heaven's Door spielte er 1987 auf einem großen Jugendtreffen in Bologna. Der prominenteste Zuhörer dort: Papst Johannes Paul II. Mit vierköpfiger Band stand Dylan auf der riesigen Bühne, im schwarzen Smoking und mit goldener E-Gitarre. Im Angesicht des Papstes, in dem die Katholiken den Petrus-Nachfolger sehen, hatte das Lied eine besondere Pointe. Immerhin steht nach volksgläubiger Vorstellung Petrus als Türwächter an der Himmelspforte und entscheidet

über den Einlass. Die Fernsehbilder zeigten Dylan am Mikrofon, dahinter auf einem großen Podest den Papst, der seinen müden Kopf auf die Hand stützte.
Nach dem Auftritt ging Dylan lässigen Schrittes von der Bühne die breite Treppe zum Papst hoch. Oben angekommen, nahm er seinen Cowboyhut ab. Der Papst erhob sich aus seinem Sessel. Beide reichten sich respektvoll die Hände. Dylan verbeugte sich. Beide wechselten ein paar Worte.
Das Publikum – 300.000, zumeist Jugendliche – tobte vor Begeisterung. Sie wurden Zeugen eines Treffens der Kirche mit der Welt. Ein ermutigendes Signal, das zeigte: Der starre Vatikan ist zum Dialog mit der Popkultur bereit. Und die vermeintlich ewig rebellische Rockmusik reicht dem Establishment auf höchster Ebene versöhnlich die Hand.

Mit dem politischen Establishment zeigte sich Dylan 1993. Bei der Amtseinführung des US-Präsidenten Bill Clinton sang er „Chimes of Freedom" („Glockenspiele der Freiheit"). Der Friedenssong klingt wie eine dramatisch-poetische Neufassung der Bergpredigt (Matthäus 5–7). So wie Jesus die Sanftmütigen und Friedensstifter seligpries, so lässt Dylan Kathedralen-Glocken für Menschen läuten, die zu kurz gekommen sind und nach herkömmlichen Maßstäben nicht viel gelten: Sie läuten für „Rebellen" und „Schurken", für die „Glücklosen" und „Ausgestoßenen". Sie klingen für die „Hüter und Beschützer des Geistes", für die „Tauben und Blinden" und die „Stummen", für die „misshandelte ledige Mutter", für den „Outlaw". Dylan baut Naturereignisse wie Donner und Blitze, Hagel und Regen sowie Licht und „hypnotische Nebelkleckse" ein, sie wirken fast wie himmlische Mächte, die den Menschen quasi wunderbaren Beistand vermitteln. Die „Glockenspiele der Freiheit" läuten den „zahllosen Verwirrten,

Beschuldigten, Missbrauchten", jedem Notleidenden „im ganzen Universum". Bill und Hillary Clinton freuten sich sichtlich über diese so fromme wie realitätsnahe Mahnung des Sängers.

Der Frieden ist Dylan bis ins Alter ein wichtiges Anliegen geblieben. Auf seiner letzten CD, *Rough and Rowdy Ways*, versetzt er sich im Song *Moonlight* selbst in den, der an die Himmelstür klopft. „Ich predige Frieden und Gerechtigkeit, den Segen der Gelassenheit." Das klingt, als wolle er beweisen, dass er im Leben Gutes getan hat. Seine Sünden entschuldigend fügt er hinzu: „Es ist voll auf der schmalen Straße, wen kümmert's, ob du mir vergibst oder nicht." Damit weist er auf einen Ausspruch Jesu aus dem Matthäusevangelium (7,14) hin. Dort heißt es: „Das Tor, das zum Leben führt, ist eng und der Weg dahin ist schmal und nur wenige finden ihn." Mit seinem Song *Knockin' On Heaven's Door* hat er viele Menschen dazu gebracht, nicht nur über den Frieden, sondern auch über das Leben nach dem Tod nachzudenken.

1996, nach einem Massaker an der Grundschule der schottischen Stadt Dunblane dichtete der dortige Musiker Ted Christopher eine neue Strophe zum Song; mit Dylans Erlaubnis nahm er eine Charity-Version auf, bei der ein Kinderchor aus Dunblane singt und Mark Knopfler Gitarre spielt.

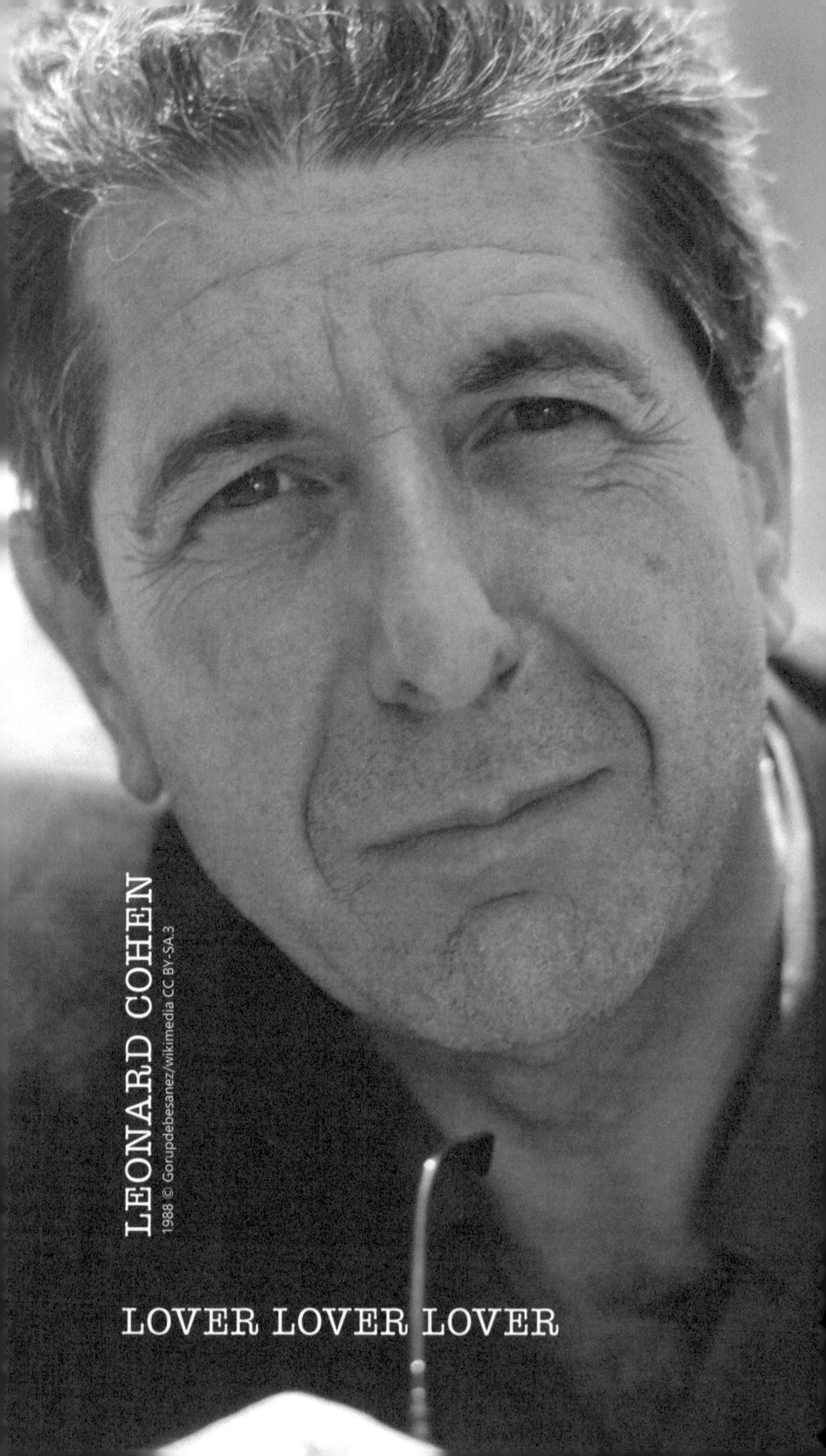

LEONARD COHEN

LOVER LOVER LOVER

12

Lover Lover Lover (1973)
Leonard Cohen

Musik & Text: Leonard Cohen
Coverversion: Ian MacCullough
Deutsch (Text: Mischa G. Schoeneberg): Cäthe

Leonard Cohen, der ganz offensichtlich friedliebende, charmante kanadische Poet und Halleluja-Sänger, ist in den Krieg gezogen? Für viele ist das unvorstellbar. Dass es doch so war, hat viel mit seiner Herkunft zu tun. Leonard Cohen war Jude. Das Überleben des jüdischen Volkes lag ihm am Herzen.

Den jüdischen Neujahrstag („Jom Kippur") des Jahres 1973 verbrachte Cohen mit seiner Frau Suzanne und dem ersten gemeinsamen Sohn Adam in seinem Haus auf der griechischen Insel Hydra. Im Radio hörte er, dass Syrien und Ägypten den jungen Staat Israel angriffen. Ihm war klar: Er wollte vor Ort helfen. „Ich werde gehen und die ägyptischen Kugeln aufhalten. Mit Trompeten und einem Vorhang aus Rasierklingen", schrieb er in sein Notizbuch und buchte einen Flug nach Tel Aviv. Suzanne hatte große Sorge um ihn. Heimlich steckte sie ihm ein blaues Band in die Hemdtasche. „Damit er, so stellte ich es mir vor, geschützt sein würde", erzählte sie später. Im Flugzeug wähnte sich Cohen auf dem richtigen

Weg in sein „mythisches Zuhause". Eigentlich wollte er in einem Kibbuz bei der Ernte helfen, um die eingezogenen Reservisten zu ersetzen. Doch Musiker erkannten ihn und baten ihn darum, für die Soldaten Musik zu machen. Als Truppenunterhalter zu singen konnte er sich nur schwer vorstellen, schließlich waren seine Songs eher traurig und nicht dazu geeignet, Stimmung zu bringen oder Soldaten aufzubauen.
Trotzdem stimmte er zu und reiste bis an die Front, überquerte sogar den Suezkanal. An manchen Tagen spielte er acht Mal für die Soldaten. Nachts schlief er mit den anderen Musikern bei ihnen, hörte sich ihre Geschichten und die Schilderungen der Kämpfe an. Er sah Verwundete und Tote. Und er führte Gespräche über Philosophie, das Judentum und die Bibel. Seine vielen Eindrücke hielt er in einem Notizbuch fest.
Inmitten dieser bewegenden Zeit schrieb er einen neuen Song. „I went down to the desert to help my brothers fight", begann die erste Strophe, in der auch seine Ratlosigkeit zum Ausdruck kam: „I knew that they weren't wrong, I knew that they weren't right." („Ich fuhr in die Wüste, um meinen Brüdern beim Kämpfen zu helfen. Ich wusste: Sie stehen weder auf der falschen noch auf der richtigen Seite.") Der Refrain: „Lover, come back to me". Ein Satz, der – wie so viele Zeilen in Cohens poetischem Werk – mehrdeutig ist. Ist es der Ruf einer Frau, die sich die Rückkehr ihres Mannes aus dem Krieg wünscht? Ein Aufruf Gottes an einen Menschen, zu ihm zurückzukehren? Oder ist es das Flehen eines Soldaten, der sich in größter Not Gott herbeiwünscht?
Nach einigen Wochen flog Cohen nach Äthiopien. Dort sortierte er seine Erlebnisse und Gefühle. Er überarbeitete den Song, schrieb die erste Strophe neu: „I asked my father, I said:

father, change my name!" Und er schrieb ein weiteres Lied: „Field Commander Cohen", in dem er ironisch die Heimkehr eines verwundeten Kriegsspions in den mühsamen und enttäuschungsreichen Alltag schilderte.

Lover Lover Lover wird schnell ein Hit. Er habe den Song nicht nur für die israelische, sondern auch für die gegnerische Seite geschrieben, erklärte Cohen. „May this song be a shield for you against the enemy", endet der Song: „Möge dieses Lied zum Schild gegen den Feind werden." Auf diese Weise machte Leonard Cohen seine Musik nicht zur Waffe – wohl aber zu einem universellen Schutzschild: Musik kann nicht nur heilen, sondern auch Feinde abwehren.

Mit Kommentaren zu politischen Themen hielt Cohen sich zeitlebens zurück, auch in Sachen Krieg und Frieden. Kriege zwischen Nationen nahm er mit der Gelassenheit eines biblischen Weisheitspredigers als unabänderlich hin. „The wars they will be fought again", heißt es im Song *Anthem*, „the holy dove is caught again": „Kriege werden weiter ausgefochten werden, die heilige (Friedens-)Taube wird stets wieder gefangen." Was man angesichts dieser Situation tun kann? „Ring the bells", die Glocken läuten. Und erkennen: „There is a crack in everything, that's how the light gets in" – „In allem ist ein Riss, durch den das Licht einbricht."

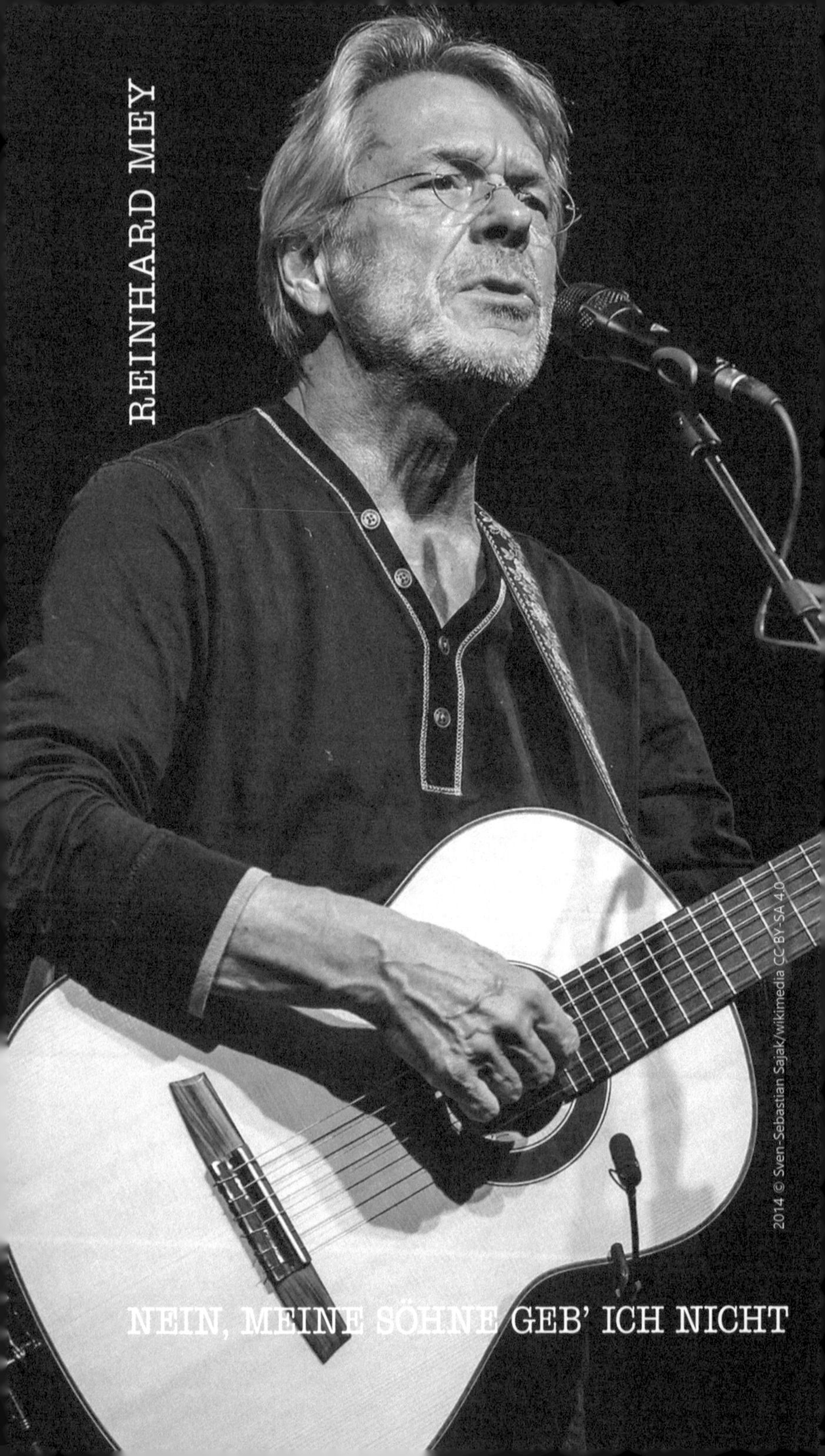
REINHARD MEY
NEIN, MEINE SÖHNE GEB' ICH NICHT

13

Nein, meine Söhne geb' ich nicht (1986) Reinhard Mey

Musik & Text: Reinhard Mey
Coverversion: Reinhard Mey & Freunde

Da schreibt ein Vater an die Heeresverwaltung, denn ein Krieg scheint bevorzustehen. Er möchte „schon beizeiten" darüber informieren, dass seine beiden Söhne nicht als Soldaten zur Verfügung stehen werden. „Nein, meine Söhne geb' ich nicht", kündigt er an. Die „Achtung vor dem Leben" und die Liebe hätten ihn zu dieser Einstellung bewogen; „keine Ehre, keine Pflicht sind's wert, dafür zu sterben". Es könne ja wohl nicht sein, dass Eltern ihre Kinder liebevoll und aufopfernd ins Leben begleiten, damit sie dann als Kanonenfutter dienen oder „auf einem gottverlass'nen Feld erfrieren". Seine Vaterpflicht, fährt er fort, verlange von ihm, die Kinder vor allen Gefahren zu bewahren – also werde er nicht zulassen, dass sie in den Krieg ziehen. Mehr noch: Er will „sie den Ungehorsam lehren". Geradestehen sollen sie vor niemand anderem als vor sich selbst. Dann legt der Vater einen Schwur ab: Sollte der Staat die Söhne dennoch verpflichten wollen, werde er mit ihnen fliehen „in Armut und wie Diebe in der Nacht". Im ersten Jahrzehnt seiner Karriere hätte dem Liedermacher

Reinhard Mey niemand zugetraut, dass er einmal so politische Lieder singen würde. Da war er der Poet des Alltäglichen, der mit bemerkenswerter Beobachtungsgabe und in beeindruckend feiner Sprache die Tücken des Alltags und die Eigenheiten der Menschen aufs Korn nahm. Nur von der eigenen Gitarre begleitet, sang er in der Tradition der französischen Barden teils sehr lange und wortlastige Lieder, die eigentlich Geschichten waren. Humorvoll und ohne belehrend zu wirken, hielt er den Menschen und der Gesellschaft einen Spiegel vor. Nicht nur die eigenen Unzulänglichkeiten waren darin zu entdecken, auch die großen Sehnsüchte und Gefühle: „Über den Wolken muss die Freiheit wohl grenzenlos sein." Mit diesen Liedern erreichte er viele Menschen. Von politisch linker Seite allerdings musste er sich die Kritik gefallen lassen, er halte sich aus der politischen Diskussion heraus.

Als sich Anfang der 1980er-Jahre die Friedensbewegung formierte, widmete sich Reinhard Mey jedoch zunehmend auch politischen Themen. Während „linke" Liedermacher wie Franz Josef Degenhardt und Dieter Süverkrüp eher parolenartig über Krieg und Frieden sangen, verpackte Reinhard Mey seine Ansichten dazu, ganz wie es ihm entsprach, in zu Herzen gehende Geschichten. Erfolgreich, denn als *Nein, meine Söhne geb' ich nicht* 1986 erschien, fühlten sich viele davon berührt.
Weitere Songs zum Thema Krieg und Frieden folgten: „Alle Soldaten woll'n nach Haus" nahm Reinhard Mey mit seinen Sangeskollegen Klaus Hoffmann und Heinz Rudolf Kunze auf: „Soldaten sind, man glaubt es nicht, aufs Sterben gar nicht so erpicht und auch nicht auf das Feld der Ehre aus. Soldaten woll'n nur eins, sie woll'n nach Haus". Mit dem Lied

griff Mey die Situation nach dem Fall des Eisernen Vorhangs auf.
Im Jahr 2004 veröffentlichte er dann ein ganz persönliches pazifistisches Manifest. Anlass war die Entsendung deutscher Soldaten nach Afghanistan. In *Die Waffen nieder!* thematisiert er seine eigene Lebensgeschichte: Er wurde 1942, mitten im Zweiten Weltkrieg, in Berlin geboren. „Ich hab' meine Lektion so gut gelernt, hab' von so nah den Krieg geseh'n, dass auch das Kind begriff, was da geschah", singt er. Die Lehre daraus: „Der Krieg ist ein Verbrechen, kein Krieg ist je gerecht."

Eine konkrete Art des Engagements ist für Reinhard Mey die Unterstützung der Organisation „Friedensdorf international", die Hilfe für Kinder aus Kriegs- und Krisengebieten organisiert. Im Jahr 2020, angesichts des Krieges in Syrien, wurde *Nein, meine Söhne geb' ich nicht* mit 18 Musikerinnen und Musikern unterschiedlicher Stilrichtungen neu aufgenommen – neben anderen von Katja Moslehner, Eric Fish, Luci van Org und Joachim Witt. Das neue Arrangement lässt das Lied noch dramatischer wirken; am Ende singt Reinhard Mey selbst und führt den Song aus rockigen Gefilden wieder zurück aufs Grundthema. Auch ein Video wurde dazu produziert. In einem Kiefernwald sind alle Beteiligten zu sehen. Darüber, dass alle auf Gage verzichteten und die Einnahmen direkt an das „Friedensdorf international" gehen konnten, freut sich Reinhard Mey.

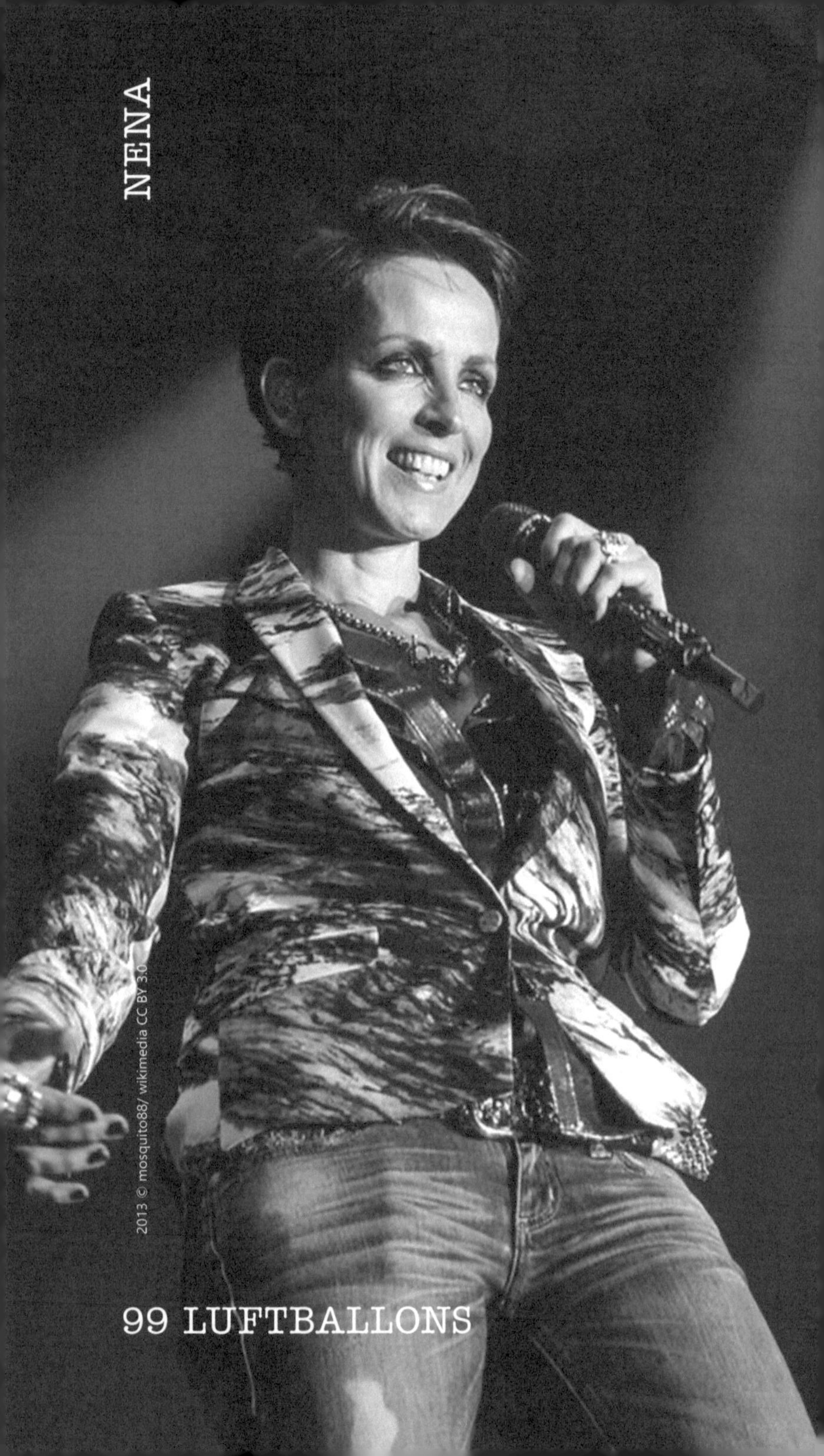
NENA
99 LUFTBALLONS

14

99 Luftballons (1983)
Nena

Musik: Uwe Fahrenkrog-Petersen, Text: Carlo Karges
Coverversion: Goldfinger (englisch: „99 Red Balloons“)

Am 8. Juni 1982 spielen die Rolling Stones in der Berliner Waldbühne. Am Beginn des Konzerts, zum Song *Under my Thumb*, fliegen hunderte bunte Luftballons von der Bühne in den Himmel. Im Publikum steht die Band NENA – eine junge Band, die die Popsängerin Nena mit vier Musikern gerade gegründet hat. Die erste Single „Nur geträumt“ ist soeben erschienen. Das Rezept: Die selbstbewusste Nena, niedlich bis lasziv hopsend in Leoparden-Leggins und mit klarer Teenie-Stimme, singt freche deutsche Texte zu eingängigem Keyboard-Pop. Die Band schwimmt bereits mit auf der erfolgreichen „Neuen Deutschen Welle“, die sich gerade als ernstzunehmende Stilrichtung der deutschen Rockszene etabliert hatte.

In der Waldbühne ist Gitarrist Carlo Karges nicht der Einzige, der die Ballons mit den Augen verfolgt und sich fragt: Wo werden sie wohl landen? Hinter der Mauer, in Ostberlin? Oder im Westen?

Die Welt befindet sich im Bann des Kalten Krieges, Ost und West stehen sich unerbittlich gegenüber. Von Perestroika und Entspannung ist noch nichts zu spüren. Kriegsangst lähmt viele Menschen, doch wächst auch die Friedensbewegung. Was, wenn einer der Rolling-Stones-Ballons der berühmte letzte Tropfen wäre und einen Krieg auslöste?
Mit diesem Gedanken im Kopf schreibt Carlo Karges nach dem Konzert einen Text in knalliger Pop-Poesie, fast wie ein gereimtes Kindermärchen: 99 Luftballons fliegen zum Horizont; ein „General" hält sie für UFOs und schickt eine Fliegerstaffel zur Erkundung der Lage hinterher. Die Kampfpiloten halten sich „für Captain Kirk" (den Kommandanten aus „Raumschiff Enterprise") und schießen die Luftballons ab. Das wiederum löst im feindlichen Lager Alarm aus. Ein Krieg beginnt und legt die Welt in Trümmer. „Dass sowas von sowas kommt", wundert sich die Protagonistin, die offensichtlich den Krieg überstanden hat, einen letzten Luftballon findet und ihn für ihren Liebsten steigen lässt.
Im Probenraum zeigt Karges seinen Bandkollegen den Text; Keyboarder Uwe Fahrenkrog-Petersen hat eine Melodie im Kopf und legt sie drunter. Passt.
Als Produzent Reinhold Heil den Song hört, winkt er ab. Zu viele Rhythmuswechsel, zu kompliziert für einen Hit, meint er. Weit gefehlt. Im März 1983 erscheint der Song. *99 Luftballons* erklimmt die Hitparaden in Deutschland, Australien, Japan, Mexiko, Kanada und den USA – und wird ein Welthit. Im Musiksender MTV läuft NENA in Dauerschleife. Der Friedens-Popsong drückt die Friedenssehnsucht vieler Menschen aus. Er ist in gewisser Weise naiv – fasst aber die Befürchtung vieler Menschen in Worte, dass aufgrund eines Missverständnisses ein Weltkrieg ausgelöst werden könnte. Der Song beziehe sich allerdings nicht nur auf die Kriege zwi-

schen Völkern, erklärt Texter Carlo Karges, „sondern auch auf diese ganze Paranoia im privaten Bereich". Die Angst voreinander bestimme unser Leben und bringe die Menschen dazu, „grausamer miteinander umzugehen, als es nötig wäre. Denn wer zuerst zuschlägt, hat die besseren Karten. Das ist gefährlich".

Wie auch immer: Mit seiner berückenden Naivität hat *99 Luftballons* die Friedensthematik tanzbar gemacht und in Bereiche gebracht, die sonst eher unpolitisch sind. Sängerin Nena musste viel Häme und Kritik einstecken; in Deutschland wurde sie von der Teenie-Zeitschrift BRAVO hochgelobt, was ein No-Go für politisch engagierte Musiker war. In Großbritannien ätzte die Zeitschrift *New Musical Express*: „Nena kam mit *99 Red Balloons*, einer Waffe, die größere Verwüstungen anrichten kann als die Zeppeline." Für die Sängerin Nena war der Song der erste Hit einer langen Karriere, in der sie sich immer wieder politisch engagierte – unter anderem sang sie beim deutschen Band-Aid-Song „Nackt im Wind" mit, dessen Erlös Hungernden in Afrika zugutekam.

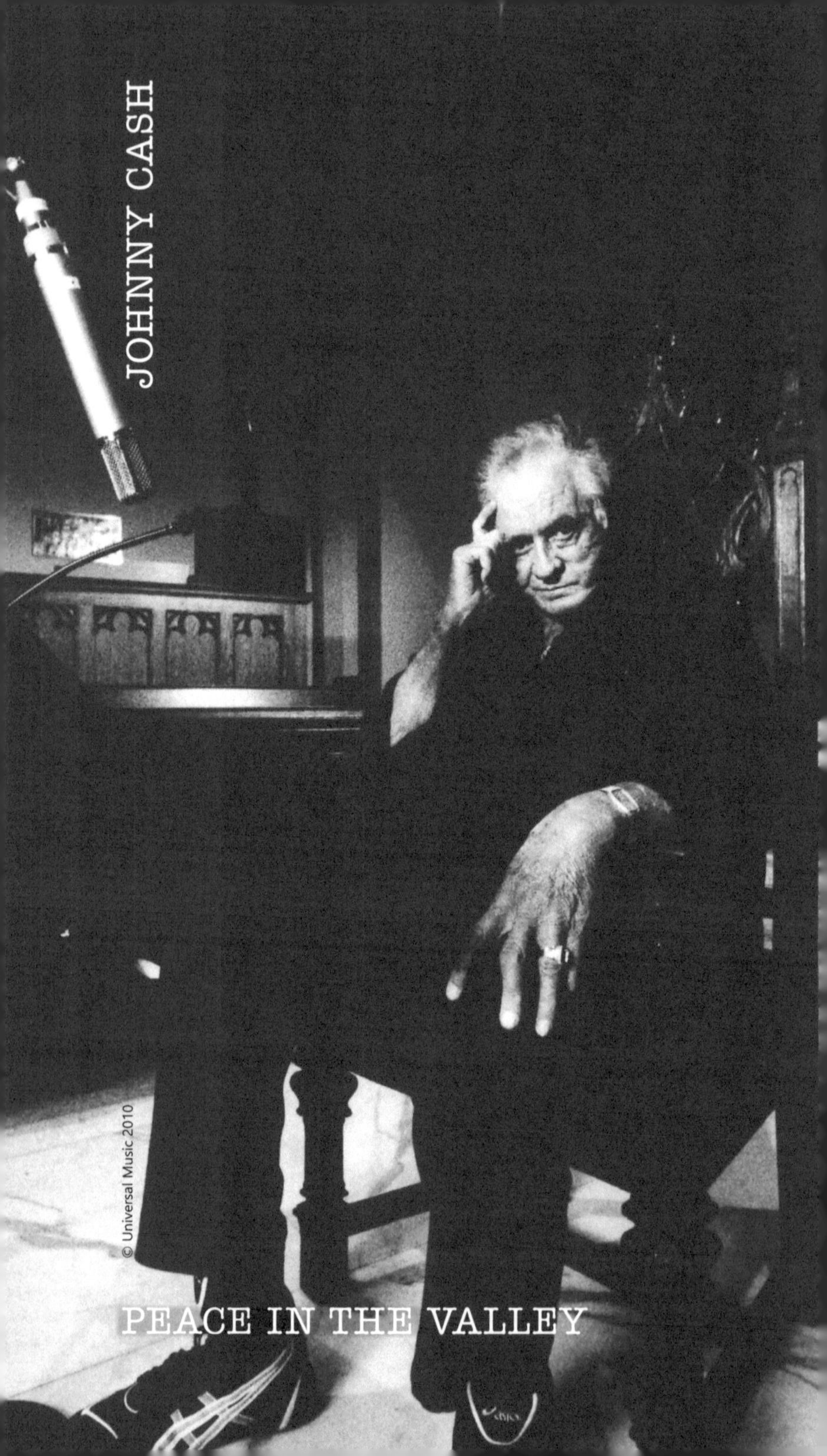
JOHNNY CASH
© Universal Music 2010
PEACE IN THE VALLEY

15

Peace in the Valley (1962) Johnny Cash

Musik & Text: Thomas A. Dorsey (1939)
Weitere Versionen: Mahalia Jackson, Elvis Presley, Little Richard, Connie Francis, Faith Hill

Einst werde ich im Tal Frieden für mich finden – keine Traurigkeit mehr, keine Sorgen, kein Ärger!" Ein frommer Wunsch, zu schön, um wahr zu sein? Darüber kann man nachdenken, erst recht, wenn man in einem der brutalsten Gefängnisse der USA sitzt. Am 24. Februar 1969 hörten dort die Gefangenen des *San Quentin State Prison* den Song – und sie empfanden ihn nicht als billige Vertröstung. Der Grund: Johnny Cash sang ihn. Der coole Superstar hatte in seinem Leben schon einige Tiefpunkte durchlitten. Alkoholabhängigkeit. Tablettensucht. Scheidung. Mit seinen Songs stellte er sich oft auf die Seite der Outlaws der Gesellschaft. Auch im *Folsom State Prison* hatte er bereits ein Konzert gegeben, der Live-Mitschnitt war entgegen der Einschätzung der Plattenfirma ein Erfolg geworden. Hier im San Quentin-Knast war er schon dreimal aufgetreten. Nun wussten die Häftlinge: Cash war einer von ihnen, er machte ihnen nichts vor. Er hatte selbst schon mal im Knast gesessen, wusste also, wie es sich anfühlte, eingesperrt zu sein und in Handschellen

vorgeführt zu werden. Cash hatte seinem Knast-Publikum sogar einen Song geschrieben, *San Quentin,* in dem er den Knast als Hölle bezeichnete und wünschte, dass die Gefängnismauern fallen.
Den himmlischen Frieden beschrieb er nun genauso leidenschaftlich, wie er die Zustände in San Quentin anprangerte. „Ich bin so müde und erschöpft", beginnt der Song *Peace in the Valley*, „aber ich muss alleine weitergehen, bis der Herr kommt und mich ruft!" Dann beschreibt der Song mit den wunderschönen Visionen des biblischen Propheten Jesaja das himmlische Friedensreich, in dem Wolf und Lamm friedlich beieinander liegen und die wilden Tiere sogar Säuglingen nichts antun. Deshalb betet der Sänger, einst auch einen sicheren Platz in diesem Tal zu bekommen.

Was für ein Wandel: Da er in seinem Leben keinen Frieden fand, wollte der baptistische Christ Johnny Cash sich zwei Jahre zuvor noch das Leben nehmen. Er sei in eine tiefe, finstere Höhle gekrochen – ein Sinnbild für die innere Dunkelheit – und als seine Taschenlampe erlosch, wollte er sterben. So schildert er die dramatische (und sicherlich legendenhaft ausgeschmückte) Episode in seiner Autobiografie. Doch anstelle des Todes sei Gott in sein Leben getreten: „Ich spürte, wie mich plötzlich etwas Kraftvolles durchdrang, ein Gefühl vollkommenen Friedens, vollkommener Klarheit, vollkommener Nüchternheit." Im Gebet sei ihm dann die Erkenntnis gekommen: „Ich würde sterben, wann Gott es für richtig hielt, nicht wann ich es wollte!" Auf wundersame Weise fand er dann zum Höhlenausgang zurück, wo seine Geliebte June wartete.
Die stand nun auch mit ihm auf der Gefängnis-Bühne in San Quentin und sang zur sonoren Stimme ihres Mannes (inzwi-

schen hatten sie geheiratet) engelsgleich die Background-Vocals. Eine außergewöhnlich berührende Version des Songs entstand. Ein Fernsehteam filmte den Auftritt – auf diese Weise blieb der so bewegende wie denkwürdige Auftritt für die Nachwelt erhalten.

Den eingängigen Friedenssong hat Cash jedoch nicht selbst geschrieben. Er stammt von Thomas A. Dorsey (1899–1993), einem seinerzeit bekannten Jazz- und Gospelmusiker. Wie Cash war der Pfarrersohn in baptistischer Tradition aufgewachsen. Der Musiker hatte es in seinem Leben ziemlich krachen lassen. 1930 starben jedoch seine Frau und sein gerade geborenes Kind. Das löste einen Schock aus, der zu einem Nervenzusammenbruch führte. „Eigentlich war ich ganz zufrieden mit mir. Dann flüsterte die Stimme Gottes: Du solltest etwas ändern!" Dorsey wollte fortan seine musikalischen Fähigkeiten in der Kraft Gottes und für ihn einsetzen. Also wandte er der weltlichen Jazz- und Blues-Szene den Rücken zu und schrieb Gospels. Als wacher Beobachter der Weltereignisse spürt er, dass sich in Deutschland Schlimmes anbahnte: „Es war kurz bevor Hitler seine Kriegsboten nach Westeuropa schickte. Ich saß im Zug durch Süd-Indiana, sah in einem Tal Pferde, Kühe und Schafe friedlich weiden. Alles wirkte so friedlich. Und ich fragte mich: Was ist los mit der Menschheit? Warum können die Menschen nicht in Frieden leben?" In dieser Stimmung entstand das Lied *Peace in the Valley* – Dorseys Hoffnungslied, fast schon ein Glaubensbekenntnis.

Gospel-Queen Mahalia Jackson sang den Song. Einem Millionenpublikum bekannt wurde er 20 Jahre später durch Elvis Presley. Am 6. Januar 1957 sang er ihn in der prominenten Ed-Sullivan-Show – unspektakulär a cappella mit vier Sän-

gern. Mehr als 54 Millionen Zuschauer sahen und hörten den frommen Song.
Dass der King of Rock'n'Roll ausgerechnet ein so frommes Friedenslied sang, überraschte. Und noch mehr überraschte seine Erklärung. Denn im Nachhinein widmete Presley den Song den 250.000 Flüchtlingen, die kurz zuvor während der sowjetischen Besatzung Ungarns aus ihrem Land hatten fliehen müssen. Sechs Millionen US-Dollar wurden daraufhin gespendet, die durch das Rote Kreuz an die Flüchtlinge verteilt wurden. Das Lied hielt sich einige Wochen in den Charts. Ein Gospel über den himmlischen Frieden hilft auf Erden den Opfern von Krieg und Gewalt. Ein vermeintlich harmloses frommes Liedchen schenkt unter Ungerechtigkeit und Krieg leidenden Menschen nicht nur Hoffnung, sondern bewegt andere auch dazu, ihnen zu helfen: allerhand.

Johnny Cashs Leben kam nach seinem Höhlenerlebnis und dem auch ihn bewegenden Auftritt in San Quentin jedoch noch nicht ganz in friedliches Fahrwasser. Es brauchte noch einige Entziehungskuren, bis er seine Abhängigkeiten überwand. Ein Tiefpunkt war sein Auftritt 1983 in der deutschen Show „Wetten, dass ...", bei dem er seine Ansage lallte, offensichtlich betrunken.
Den Glauben an den himmlischen Frieden behielt er allerdings. *We'll meet again* heißt der Schluss-Song auf seiner letzten erschienenen CD. Mit brüchiger Stimme singt er da von seinem Glauben an Jesus und vom Jüngsten Gericht. Beschwingt wirkt allerdings der Song, in dem er seinen „Honey"-Schatz bittet, nach seinem Tod den Freunden zu sagen: „Ich weiß nicht wo und wann, aber wir werden uns wiedersehen an einem sonnigen Tag."

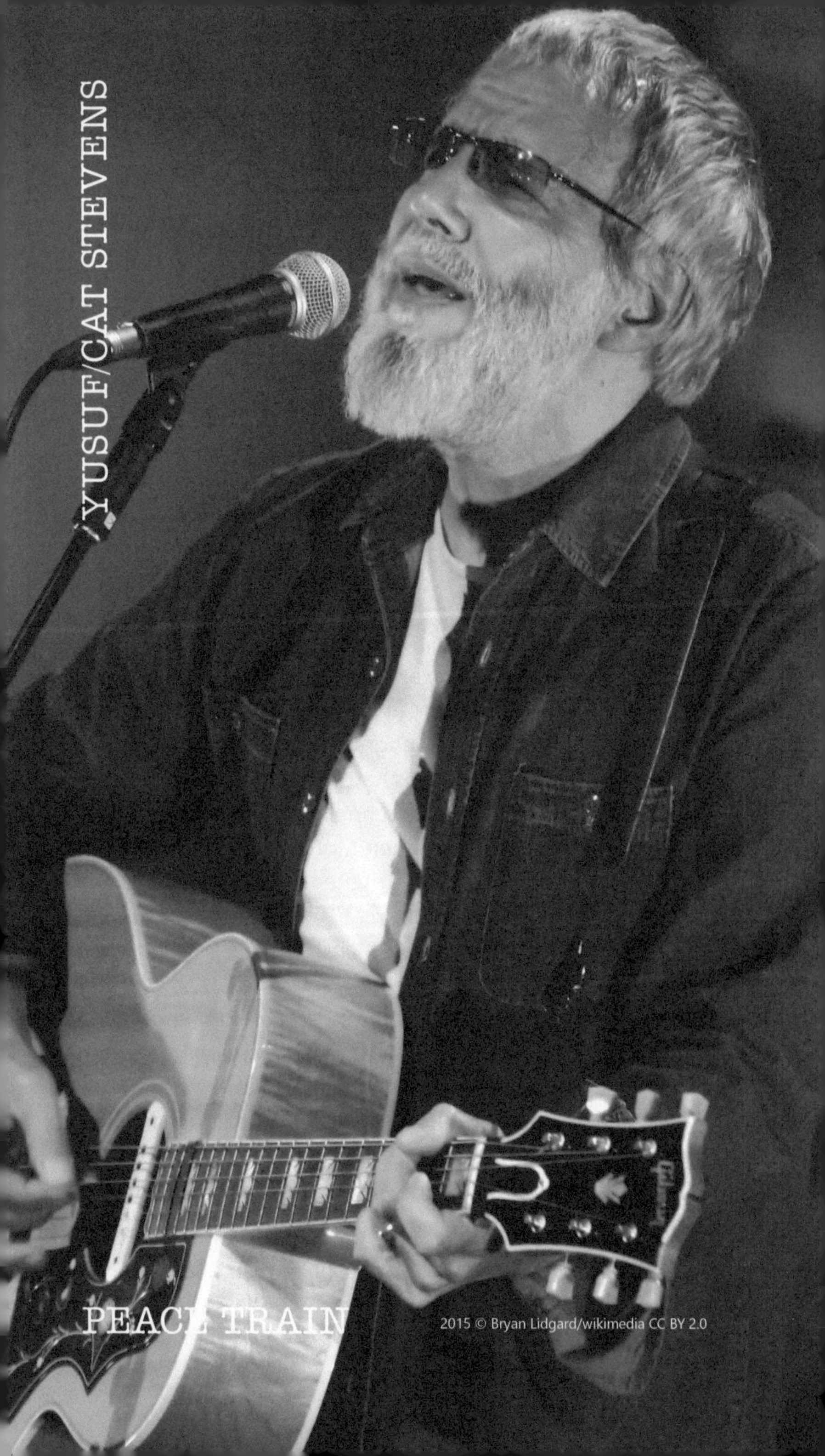
YUSUF/CAT STEVENS
PEACE TRAIN

16

Peace Train (1971)
Yusuf/Cat Stevens

Musik & Text: Cat Stevens
Coverversionen: Leem Lubany, 10.000 Maniacs, Dolly Parton feat. Ladysmith Black Mambazo, Richie Havens

Ein Hitchcock-Thriller, in dem am Ende ein Zug in einen dunklen Tunnel fährt, animierte vor mehr als 50 Jahren den soften Liedermacher Cat Stevens zu einem Lied, das heute den Status eines ikonografischen Friedenssongs genießt: *Peace Train.* Cat Stevens hatte Anfang der 1970er-Jahre mit wunderschönen selbstgeschriebenen Folk-Songs große Erfolge: Er sang vom friedlichen Morgen (*Morning Has Broken*), von Problemen zwischen Vater und Sohn (*Father and Son*), von traurigen Frauen (*Lady d'Arbanville, Sad Lisa*) und von der *Wild World*, in der wir Menschen uns zurechtfinden müssen.

Doch in dieser wilden Welt gibt es große Hoffnung: *Peace Train* erzählt von einem Friedenszug, der unterwegs sei, um Frieden zu bringen. Man müsse halt nur einsteigen. „Draußen am Rande der Dunkelheit fährt ein Friedenszug", heißt es da, dann wird der *Peace Train* lauter und Cat Stevens sieht überall Menschen zusteigen. „Packt eure Taschen und bringt eure Freunde mit, der Friedenszug wird bald da sein! Bald werden die Träume des Friedens wahr", verheißt der Song. Unterlegt ist die Vision mit drei Gitarrenakkorden und einem folkigen, mitreißenden Rhythmus, der an das Puffern einer Dampflock erinnert. Alleine mit der Gitarre am Mikrofon stehend, mit lockigem schwarzem Haar, Bart und geschmeidigen Bewegungen sang sich Cat Stevens in die Herzen des Publikums.

1975 zog er sich jedoch plötzlich zurück. Den Grund erklärte er selbst: Beim Schwimmen im Meer vor Malibu sei er fast ertrunken, eine Welle habe ihn dann doch zurück an den Strand gespült. Er sei überzeugt, das sei Gottes Fügung gewesen. Zwei Jahre später habe er den Koran geschenkt bekommen und sei von dem, was er darin las, begeistert gewesen. Fortan wollte er sein Leben Gott widmen.
Im Dezember 1977 konvertierte er zum Islam, kurz darauf änderte er seinen Namen in Yusuf Islam. Mit der Muslima Fauzia Mubarak Ali gründete er eine Familie – sechs Kinder wurden geboren. In London errichtete er eine Koranschule, an der er auch selbst lehrte. Während seine Songs von anderen Musikern gecovert wurden, zog Yusuf Islam sich mehrere Jahre lang aus der Öffentlichkeit zurück.
Für einige Zeit schien sich auch der *Peace Train*, den er besungen hatte, zu entfernen: In einem Statement bekundete er zum Erschrecken vieler seine Sympathie für die Fatwa gegen Schriftsteller Salman Rushdie, der sich in seinem Roman „Die satanischen Verse" kritisch mit dem Islam auseinandergesetzt hatte. Seine Äußerung widerrief Yusuf Islam später – und begann auch wieder zu singen – hauptsächlich bei Veranstaltungen für wohltätige Zwecke.
Nach den islamistischen Terroranschlägen im September 2001 in New York und Washington wurde ihm zu Unrecht

Unterstützung des Terrorismus vorgeworfen; erfolgreich klagte er gegen britische Zeitungen und spendete die Entschädigungssummen an Hilfsprojekte in Asien. Nach den Anschlägen habe er beschlossen, „dass es Zeit war, wieder für den Frieden zu singen und für das ganz große Mittelfeld, in dem die meisten Muslime leben und wohnen – weit entfernt vom Extremismus", sagte er im Interview und setzte sich fortan für Friedensprojekte ein, etwa in Bosnien-Herzegowina, im Kosovo und in Palästina.

2005 folgte die vollständige Rehabilitation: Das schwedische Nobelpreis-Komitee verlieh ihm die Auszeichnungen „Man of Peace" und den „World Social Award". Bei der Zeremonie des Friedensnobelpreisträgers Muhammad Yunus sang Cat Stevens, der sich heute Yusuf/Cat Stevens nennt, *Peace Train*. „Die Botschaft des Liedes donnert weiterhin durch die Herzen von Millionen Menschen", erklärte er, „sie haben das starke Bedürfnis, den Hauch der Hoffnung wieder aufsteigen zu spüren. Als Mitglied der Menschheit und als Muslim ist dies mein Beitrag zum Ruf nach einer friedlichen Lösung."

Seine eigene Lebens- und Glaubensgeschichte macht Yusuf/Cat Stevens zu einem wichtigen Vermittler zwischen der christlichen und muslimischen Welt. 2019 trat er bei der offiziellen Gedenkfeier für die Opfer eines rassistischen Attentats auf zwei Moscheen im neuseeländischen Christchurch auf. „Ich bin ein Spiegel, durch den der Westen den Islam sehen kann und durch den die Muslime den Westen sehen können. Die Leute haben es jetzt schwer, die spirituelle Botschaft des Friedens zu entziffern, die hinter den flammenden Schlagzeilen im Namen des Islam existiert", sinnierte er über seine Rolle in der Gesellschaft.

Kulturverbindend ist auch das Projekt, *Peace Train* mit 25 Musikerinnen und Musikern aus zwölf Ländern der Welt aufzunehmen. Das so entstandene Video ist ein eindrückliches Weltmusik-Dokument: Auf einer Laute beginnt der palästinensische Musiker Ghassan Birumi den Song, im Duett mit dem indischen Flötisten Avadhoot Phadke. US-Bluesmusiker Keb' Mo' beginnt zu singen, die irische Sängerin Rhiannon Giddens und der Senegalese Baaba Mal folgen, weitere aus England, Ghana, Hawai und Argentinien. Den Backgroundchor übernimmt eine Gospelgruppe aus Mississippi, lateinamerikanische Rhythmen bringt eine Trommelgruppe aus Brasilien. Schließlich sitzt Yusuf/Cat Stevens in Istanbul am weißen Klavier, singt ein paar Zeilen und macht am Ende das Siegeszeichen mit der Hand.
Das Video ist ein Projekt der Non-Profit-Organisation „Playing for Change", die mit mehreren solcher weltumspannenden Videos Millionen Menschen erreicht.
Vielleicht schafft es der *Peace Train* ja doch noch, die Menschen der Welt an Bord zu nehmen.

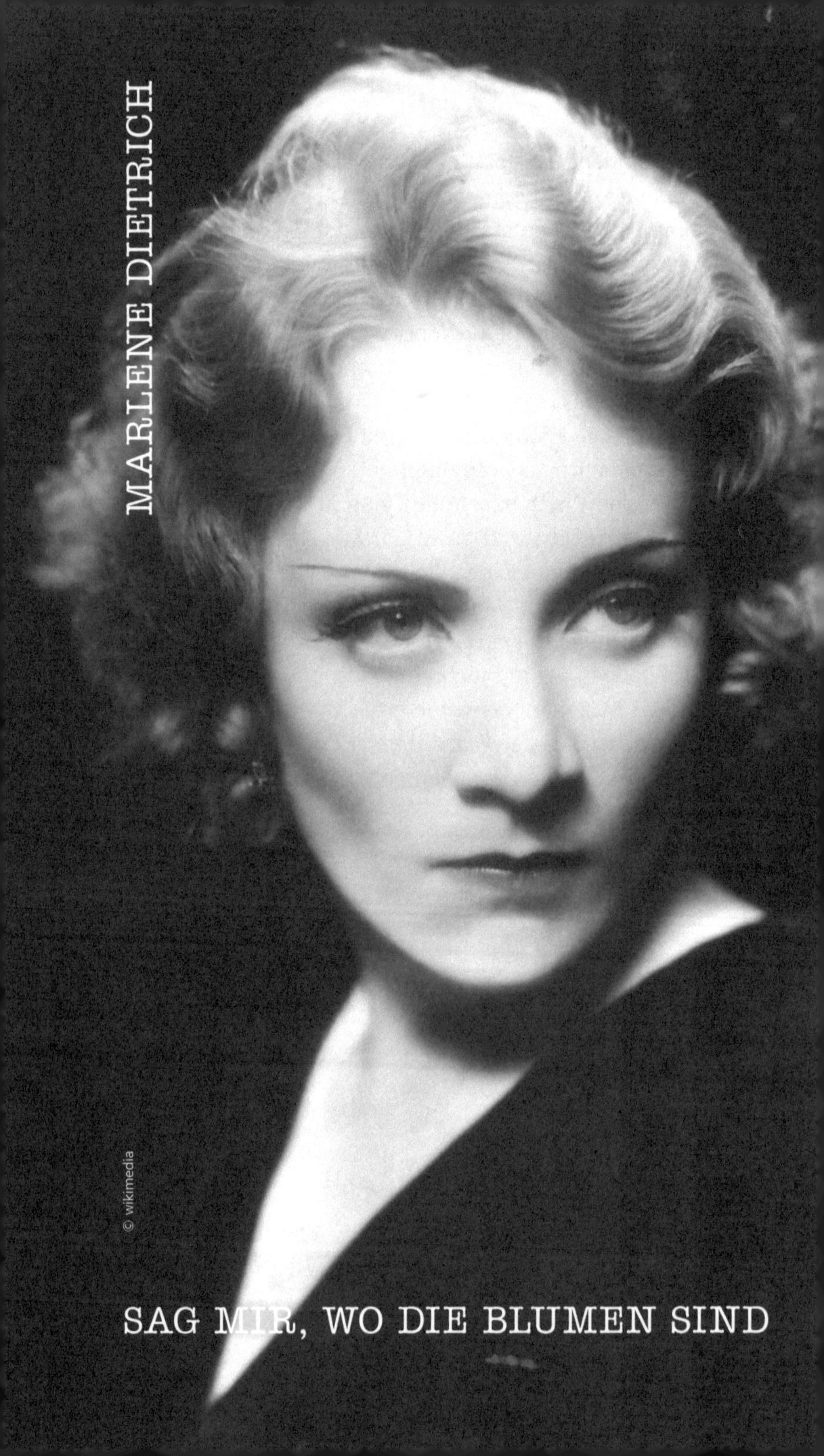
MARLENE DIETRICH
SAG MIR, WO DIE BLUMEN SIND

17

Sag mir, wo die Blumen sind (1962)
Marlene Dietrich

Musik: Pete Seeger, Text: Max Colpet
Coverversionen: Hildegard Knef, Juliane Werding, Udo Lindenberg, Hannes Wader, City, Wolf Maahn

Amerikanische Originalversion (1955): Where have all the Flowers gone
Musik: Pete Seeger, Text: Pete Seeger/Joe Hickerson
Coverversionen: Kingston-Trio, Peter, Paul & Mary, Joan Baez, Chris de Burgh, Annie Lennox

„When will they ever learn?" – Anfang 2022 zeigte sich, dass die Menschen im schon so oft kriegsgeschüttelten Europa noch immer nicht gelernt haben, den Krieg zu vermeiden. Daran konnte auch Pete Seegers Friedens-Klassiker *Where have all the Flowers gone* nichts ändern, der die ständige Wiederkehr des Krieges in einfachen Bildern volksliedartig vor Augen führt.

Aber immerhin: Der Song vereint bis heute die Friedensstifter und Friedenssehnsüchtigen dieser Welt. Auch in Deutschland: Hier wurde das Lied 1962 bekannt, Marlene Dietrich sang es mit wehmütiger Stimme. 17 Jahre nach Ende des Zweiten Weltkriegs waren all seine Schrecken noch präsent, und die Kuba-Krise zeigte, dass es zwischen den Machtblöcken in Ost und West jederzeit erneut zum Krieg kommen konnte; vielen war bewusst, dass die Gefahr längst nicht ge-

bannt war. Da sang „die Dietrich“: „Wann wird man je versteh'n?“,
In gewisser Weise ist das Lied ein Exportschlager aus den USA. Dort hatte es der politisch engagierte Folksänger Pete Seeger geschrieben, inspiriert von dem russischen Roman „Der stille Don“. Darin war er auf das Donkosakenlied „Koloda Duda“ gestoßen, das so naiv wie tiefsinnig eine Kette von Geschehnissen schilderte: „Wo sind die Gänse? Sie liefen ins Schilf. Wo ist das Schilf? Das wurde von Mädchen gemäht.“ Die sind verheiratet, deren Männer sind nun im Krieg.
Der Krieg reißt Löcher mitten in das Alltagsleben, so die Botschaft des Ketten-Liedes: Jede Strophe nimmt die vorherige in freier Assoziation auf, die letzte führt zum Anfang zurück. Pete Seeger unterlegte den Text mit einer alten amerikanischen Melodie, der Folk-Sänger Joe Hickerson reicherte das Lied mit zwei Strophen an – *Where have all the Flowers gone* war entstanden. Durch die Versionen von Peter, Paul & Mary und des Kingston Trios wurde es zum Hit.

Auch Max Colpet war beeindruckt von dem Lied – es erinnerte ihn an das deutsche Volkslied „Sagt, wo sind die Veilchen hin“ aus dem Jahr 1782. Der aus Deutschland stammende Liedtexter war mit Marlene Dietrich befreundet. Sie fand Gefallen an seiner deutschsprachigen Version und nahm sie 1962 auf. Die Deutschen waren begeistert von dem nachdenklichen Lied mit Volkslied-Flair, gesungen von der aus Berlin stammenden Hollywood-Schauspielerin und Sängerin. Sogar Pete Seeger zeigte sich entzückt: „Max Colpet schrieb eine deutschsprachige Version, die sich besser singen lässt als meine englische. Es klingt im Deutschen wirklich noch beeindruckender: ‚Sag mir, wo die Blumen sind.‘“

Viele deutsche Musikerinnen und Musiker nahmen das Lied in ihre Repertoires auf. Ende der 1970er-Jahre entdeckten Friedensbewegte es für sich; es wurde nun auf Demonstrationen, bei Sitzblockaden und an Lagerfeuern gesungen. Ein Grund für die Beliebtheit des Liedes könnte sein, dass es die richtigen Fragen stellt, ohne Antworten zu liefern. Und bei der letzten Frage bleibt sogar offen, wonach genau gefragt wird, was den Eindruck der Sinnlosigkeit dieses nicht enden wollenden Kreislaufs noch verstärkt: „Wann wird man je versteh'n?"

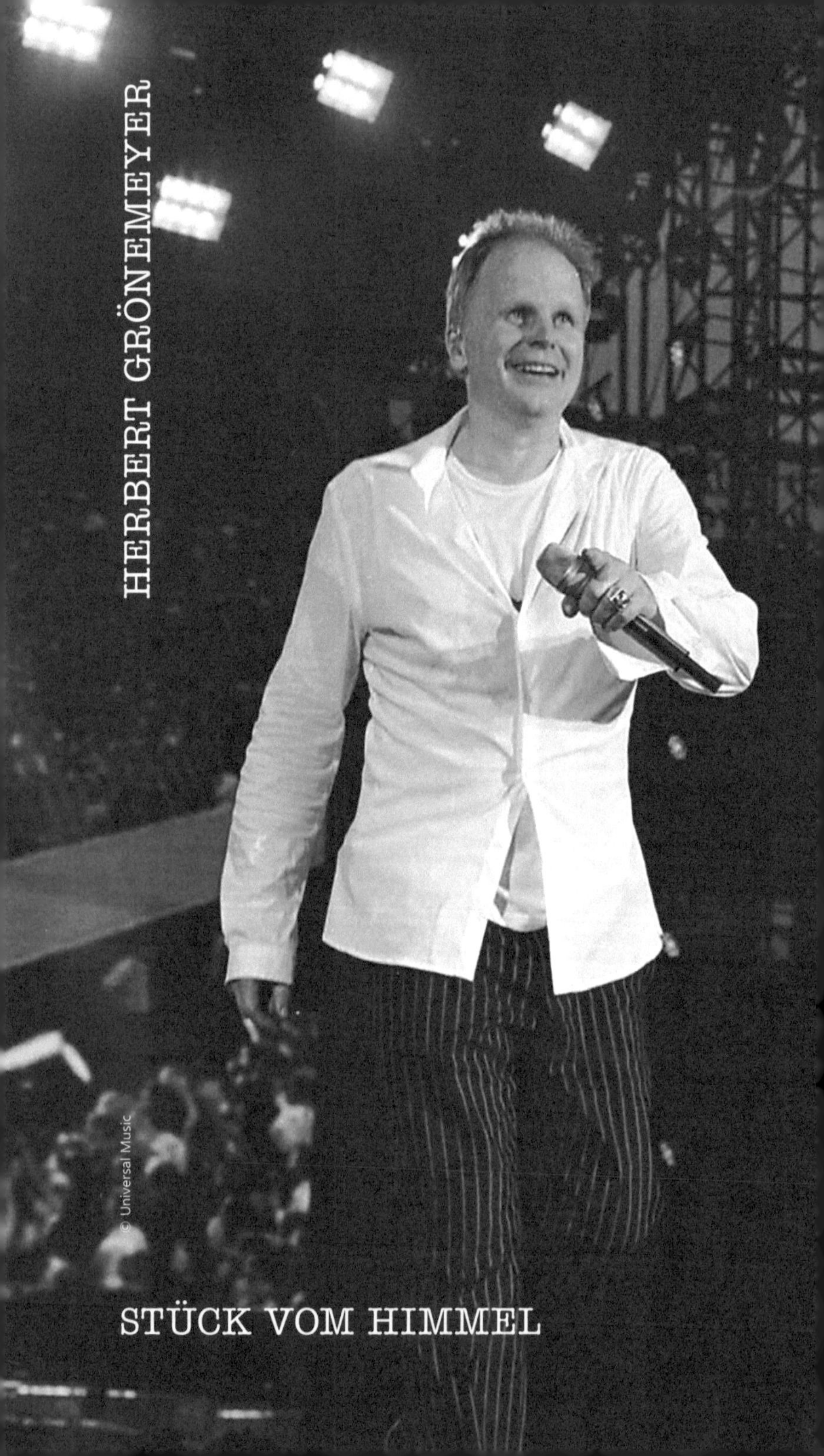
HERBERT GRÖNEMEYER
STÜCK VOM HIMMEL
© Universal Music

18

Stück vom Himmel (2007)
Herbert Grönemeyer

Musik & Text: Herbert Grönemeyer
Coverversion: Jocelyn B. Smith

Legionen von Kreuzrittern haben sich blindwütig verrannt!" Der deutsche Rockmusiker Herbert Grönemeyer wagt in seinem Friedenslied *Stück vom Himmel* auch einen Blick zurück ins „dunkle Mittelalter": in jene Zeit vor rund 900 Jahren, als sich christlich nennende Ritter mit ihren Heeren gen Palästina zogen, um Jerusalem von Juden und Muslimen zu „befreien". Auf ihre Rüstungen und Standarten hatten sie Kreuze gemalt, denn sie waren sich sicher, dass sie Gottes Willen erfüllten. Mehrmals metzelten sie die Bewohner Jerusalems und anderer Städte blindwütig nieder. Sie brachten nicht Frieden, sondern Gewalt und Krieg.

Daran fühlte sich Herbert Grönemeyer erinnert, als US-Präsident George W. Bush die Ausübung seines Amtes und seine Entscheidung, den Irak anzugreifen, als Erfüllung eines göttlichen Auftrags beschrieb. Im September 2001 war die gesamte westliche Welt erschüttert durch die islamistischen Terrorangriffe in den USA. Das Land interpretierte sie als

Kriegserklärung – der Gegner jedoch war gar nicht so leicht auszumachen. Der Irak, geführt vom Diktator Saddam Hussein, galt schon US-Präsident Ronald Reagan als „Schurkenstaat" und wurde nun zum Gegner erkoren. „God's own country", „Gottes eigenes Land", die USA, müssten mit einem weiteren Krieg der Welt Frieden bringen, so Präsident Bushs Überzeugung.

Als wacher Zeitgenosse beobachtete Grönemeyer die Weltsituation. Die Untiefen des evangelischen Glaubens kannte er aus eigener Kindheitserfahrung: „Ich glaube an Gott. Ich wurde calvinistisch-protestantisch erzogen", bekannte er in einem Interview. Sein Lied *Stück vom Himmel* wirkt wie ein später Befreiungsschlag gegen einen allzu strengen und aufs Moralische verkürzten Glauben. „Warum in seinem Namen? Wir heißen selber auch", beginnt der Song und macht die Ansage: Wer selbstbewusst ist, wird selbst die Verantwortung für sein Handeln übernehmen. Glaube führt nicht zum Rückzug ins Private, „die Bibel ist nicht zum Einigeln", singt Grönemeyer; letztlich gehe es darum, sich glaubend für den Erhalt der Erde und der „grandiosen Welt" einzusetzen, schließlich sitzen alle „in einem Boot".

Frieden auf der Welt, das ist nur möglich, wenn wir uns auch um Frieden zwischen den Religionen bemühen, statt darüber zu streiten, wer denn nun den einen richtigen Glauben hat, weiß Grönemeyer. Es gebe „nicht eine hehre Lehre", singt er: „Es wird zu viel geglaubt" und „zu wenig erzählt". Mehr als der Glaube würden nämlich Geschichten die Welt einen: Geschichten von Nöten und Schicksalen, Legenden, die „glückliche Enden, Lust und Trost" bieten. Auf diese Weise könne man „ein Stück vom Himmel" auf die Erde holen und demütig Toleranz üben, statt rechthaberisch aufzutreten und im Namen Gottes in Kriege zu ziehen. „Es gibt keinen Feind, es gibt keinen Sieg", lautet Grönemeyers Fazit, „wir stehen in der Pflicht", freundlich zur Welt zu sein.

Mit seinem Song ist Grönemeyer ein frommes, beherztes musikalisches Plädoyer gelungen, in dem er den Glauben wertschätzt, ohne ihn zu missbrauchen. Seine teils pompösen Wortbilder und manchmal seltsamen Assoziationen, untermalt von gewaltigen Klavier- und Orchesterklängen kommen offensichtlich an. Bei seinen Konzerten singt das Publikum *Stück vom Himmel* inbrünstig mit – und verstärkt damit Grönemeyers Mahnung: Die Zeit der „heiligen Armeen" muss endlich vorbei sein.

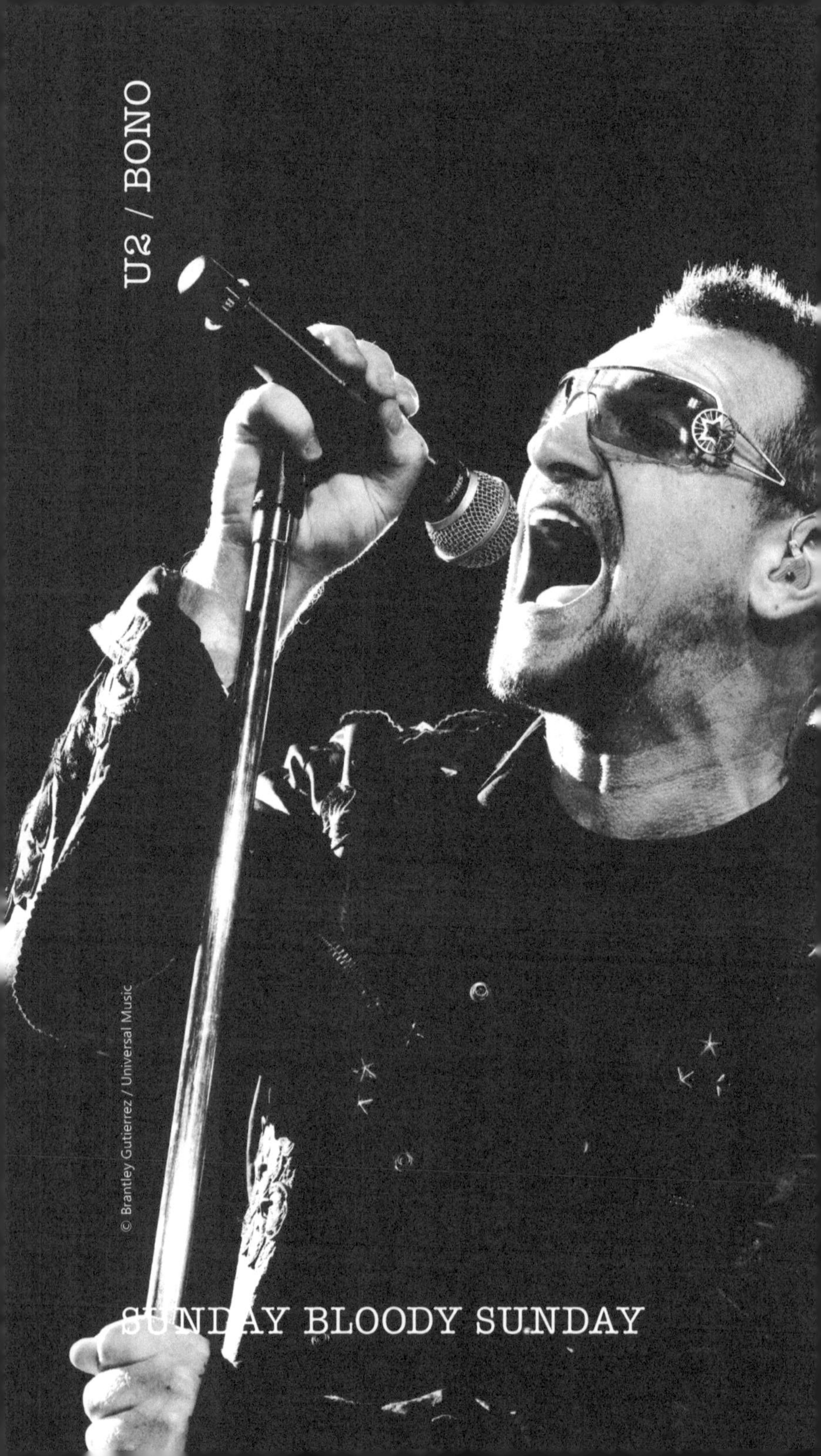
U2 / BONO
SUNDAY BLOODY SUNDAY

19

Sunday Bloody Sunday (1983)
U2

Musik: The Edge / Bono
Coverversionen: Phil Coulter, The Electric Hellfire Club, Evergreen Terrace, Ignite, Paramore, Veil of Maya

Tonight we can be as one" – „Heut Nacht können wir eins sein". Singt *U2*-Sänger Bono diese Zeile, meint er kein romantisches Tête-à-Tête. Der Song, aus dem sie stammt, ist hochpolitisch und hat tatsächlich Frieden gestiftet. Die Hoffnung auf das „Einssein" bezieht sich auf die verfeindeten Parteien im nordirischen Bürgerkrieg. Dass sich die Gläubigen zweier christlicher Konfessionen dort jahrzehntelang brutal bekriegten, war unfassbar – erst recht für einen frommen Mann wie Bono, der in Dublin in einem ökumenischen Elternhaus aufgewachsen war: Der Vater war Katholik, die Mutter Anglikanerin. Und nun musste er mit ertragen, dass die auf die Selbständigkeit ihres Landes bedachten Iren sich mit den protestantischen Briten blutige Bürgerkriegsgefechte lieferten. Immer wieder gab es Anschläge der IRA, der „Irisch-Republikanischen Armee", die die Unabhängigkeit von ganz Irland mit Gewalt herbeiführen wollte; gleichzeitig gingen britische Soldaten in Nordirland brutal gegen Katholiken vor.

Als „Bloody Sundays" hatten sich zwei der blutigsten Anschläge in die irischen Seelen gegraben. Der erste: Am 21. November 1921 wurden zwölf Katholiken erschossen – ein Racheakt für vierzehn Morde, die die IRA kurz zuvor an britischen Agenten verübt hatte. Der zweite: Am 30. Januar 1972 erschossen britische Truppen bei einem Protestmarsch im katholischen Derry dreizehn Demonstranten. Weitere Anschläge folgten, die Gewalt eskalierte.

„I can't believe the news today" – „Ich kann die Nachrichten heute nicht fassen": Die erste Zeile von *U2*s Song *Sunday Bloody Sunday* sprach vielen Menschen in Irland aus dem Herzen. Verdrängen funktioniere nicht, singt Bono weiter: „Ich kann nicht meine Augen verschließen und es verschwinden lassen." Dann schildert der Song schlimme Bilder aus dem Bürgerkrieg: „zerbrochene Flaschen unter Kinderfüßen", Leichen in den Straßen. Doch der Sänger will die Spirale der Gewalt stoppen: „Es gibt viele Verlorene, aber sagt mir: Wer hat gewonnen?", klagt er die Kämpfer an und weigert sich, sich mit hineinziehen zu lassen: „Ich werde dem Schlachtruf nicht folgen!"

Als bekennender Christ sieht er einen Ausweg aus der Gewalt darin, die Gläubigen an den biblischen Friedensauftrag zu erinnern. „Wir essen und trinken, während sie morgen sterben", stellt er selbstkritisch fest – ein Hinweis auf eine Mahnung des Apostels Paulus im 1. Korintherbrief (10,32). Am Ende von *Sunday Bloody Sunday* gibt Bono dann einen deutlichen Hinweis auf seinen Glauben. Der eigentliche Kampf habe erst begonnen, singt er: „to claim the victory Jesus won", „den Sieg auszurufen, den Jesus gewonnen hat" – was nichts anderes meint, als dass der Frieden sich gegen die Gewalt durchsetzt.

Im Video zu dem Song zeigt die Band *U2* sich bei einem Live-Auftritt in Colorado. Die Wucht des Songs reißt mit: Die Gitarrenriffs werden zum musikalischen Sinnbild für die Empörung gegen den Krieg. Sänger Bono marschiert zum Schlagzeug über die Bühne und stellt unter dem Jubel des Publikums eine weiße Friedensfahne auf. *Sunday Bloody Sunday* gehört schnell zum festen Repertoire bei Live-Auftritten – bis zum 8. November 1987.
Dieser Tag ging als weiterer schwarzer Tag in die Geschichte Irlands ein: Die IRA zündete während einer protestantischen Gedenkfeier eine Bombe, 13 unschuldige Menschen starben. Die Nachricht ging schnell um die Welt und erreichte auch Bono, der am Abend in Denver (USA) ein Konzert mit *U2* geben sollte. Vor dem Song *Sunday Bloody Sunday* machte er dann eine bewegende Ansage: „Ich will euch etwas sagen. Ich habe genug von den irischen Amerikanern, die seit zwanzig oder dreißig Jahren nicht mehr in ihrem Heimatland waren, aber zu mir kommen und mir etwas vom Widerstand, von der Revolution daheim erzählen wollen [...] und von der Ehre, für die Revolution zu sterben. F--k die Revolution! [...] Wie ehrenhaft ist es denn, eine Parade von Rentnern zum Remembrance Day zu bombardieren, für die diese alten Männer ihre Orden herausgekramt und wieder aufpoliert haben? Was bitte soll daran ehrenhaft sein? Sie sterben zu lassen oder lebenslang verkrüppelt oder tot unter den Trümmern einer Revolution, die die meisten Leute in meinem Land überhaupt nicht wollen? Schluss damit!"

Zehn Jahre lang spielten *U2* ihren Song daraufhin nicht mehr. Bonos Hoffnung auf eine Aussöhnung in Irland wurde erst 1998 erfüllt: Die verfeindeten Parteien schlossen ein Waffenstillstandsabkommen – Bono sang bei der Zeremonie.

Seinen christlichen Glauben bekundet der Sänger immer wieder öffentlich. „Ich reche nicht mit diesem ‚Alles-wird-gut-wenn-du-in-den-Himmel-kommst-Ding'", sagte er 1988 in einem Interview. „Meine Lieblingszeile im Vaterunser ist: ‚Dein Reich komme, dein Wille geschehe, wie im Himmel, so auf Erden.' Ich will das alles und ich will es jetzt. Der Himmel auf Erden: Lasst uns ein bisschen davon haben!"

Dass der Himmel auf Erden trotz Friedensschlüssen noch lange auf sich warten lassen muss: Diese Lehre erteilte der Krieg Russlands gegen die Ukraine auch Bono. Am 8. Mai 2022 folgte er einer Einladung des ukrainischen Präsidenten Wolodymyr Selenskyj. Mit U2-Gitarrist „The Edge" reiste er nach Kiew. Sein Ziel: jener Metro-Schacht, in den Tausende Menschen aus Angst vor russischen Bombenangriffen geflohen waren. Dort gaben die beiden auf einer provisorischen Bühne ein kurzes Konzert. Den letzten Song, *Stand By Me*, sang der ukrainische Musiker Taras Topolja mit, in Uniform. „Die Menschen in der Ukraine kämpfen nicht nur für ihre eigene Freiheit. Sie kämpfen für die Freiheit von uns allen", erklärte Bono danach und setzt sich weiterhin auch gegen diesen Krieg ein.

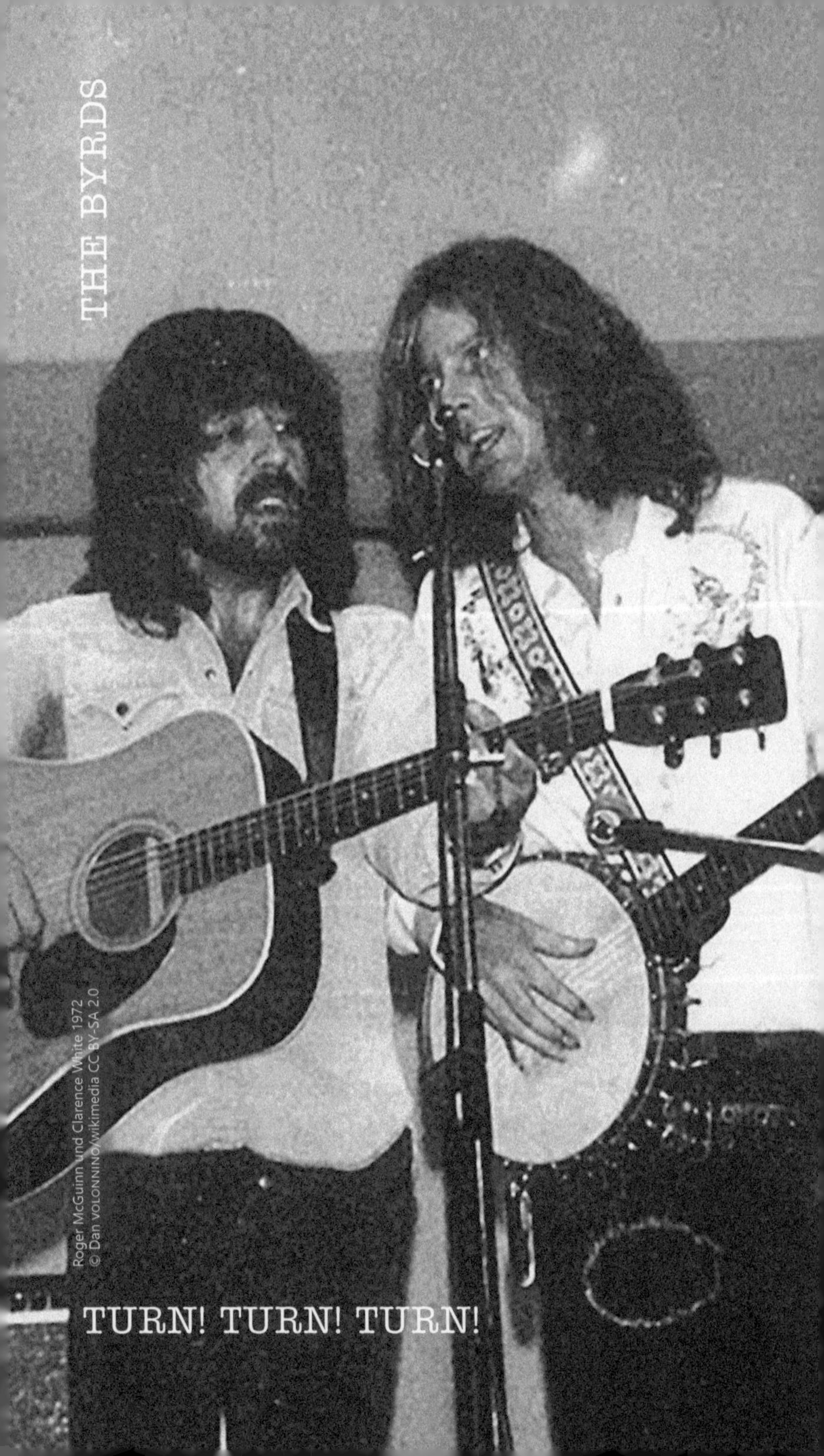

Roger McGuinn und Clarence White 1972

20

Turn! Turn! Turn! (1965)
The Byrds

Musik und Text: Pete Seeger (1959)
Weitere Versionen: Pete Seeger, The Limeliters, Judy Collins, The Byrds, Nina Simone
Deutsche Versionen: Marlene Dietrich (Glaub, Glaub, Glaub), Hannes Wader (Seit Ewigkeiten)

Ein Popsong mit biblischem Text wird zum Welthit und führt wochenlang die Charts an? Doch, das geht! 1965 schaffte das die US-Folkrockband *The Byrds* mit dem Song *Turn! Turn! Turn!*. Er kam im kalifornischen Flower-Power-Westcoast-Sound daher, und der Titel klang zunächst fast wie ein Sprachjoke, ähnlich wie „Bar-Bar-Bar-Barbara Ann" von den „Beach Boys".

Doch dieser Song ist nicht oberflächlich: Das „Turn", das *The Byrds* da sangen, ging mit biblischer Tiefe einher: „To everything there is a season, and a time to every purpose under the heaven" lautet der Text, der eins zu eins aus dem biblischen Buch „Prediger" („Kohelet") übernommen ist. „Alles hat seine Zeit, und jedes Vorhaben unter dem Himmel hat seine Stunde" heißt es im 3. Kapitel dieser Weisheitsschrift. Der kluge Vers stammt der Überlieferung nach von König Salomo, dem sagenumwoben weisen Herrscher, der etwa 1000 vor Christus in Jerusalem wirkte.

Sein Text gibt den Ratschlag, angesichts von Leid und Unglück nicht zu verzagen. Denn: Es werden wieder bessere Zeiten kommen! Auf poetische Weise beschreibt das „Prediger"-Buch daraufhin, wie sich im Leben gute und schlechte Zeiten abwechseln:

„Geboren werden hat seine Zeit, sterben hat seine Zeit;
pflanzen hat seine Zeit, ausreißen, was gepflanzt ist, hat seine Zeit;
töten hat seine Zeit, heilen hat seine Zeit;
abbrechen hat seine Zeit, bauen hat seine Zeit;
weinen hat seine Zeit, lachen hat seine Zeit
klagen hat seine Zeit, tanzen hat seine Zeit;
Steine wegwerfen hat seine Zeit, Steine sammeln hat seine Zeit;
herzen hat seine Zeit, aufhören zu herzen hat seine Zeit;
suchen hat seine Zeit, verlieren hat seine Zeit;
behalten hat seine Zeit, wegwerfen hat seine Zeit;
zerreißen hat seine Zeit, zunähen hat seine Zeit;
schweigen hat seine Zeit, reden hat seine Zeit;
lieben hat seine Zeit, hassen hat seine Zeit;
Streit hat seine Zeit, Friede hat seine Zeit."

Die meisten dieser Gegensatzpaare nimmt auch der Song „Turn! Turn! Turn!" auf. Sie können sehr tröstlich sein – jedenfalls für Menschen, die gerade durch Lebenstäler gehen. Der Text ist jedenfalls lebensnah: Das „Alles hat seine Zeit" kann trösten, aber es *ver*tröstet nicht. Es bedeutet nicht einfach: „Alles wird gut". Nein. Es nimmt die Wirklichkeit ehrlich in den Blick: Wie das Pendel einer Uhr stetig hin und her schwingt, so wechseln sich gute und schlechte Zeiten im Leben ab. Befindet man sich gerade im Tal, muss man nur geduldig warten, bis es wieder bergauf geht. Kein Wunder, dass der Spruch „Alles hat seine Zeit" der wohl beliebteste Spruch

für Trost-Postkarten ist – jeder kann sich mit seinem Schicksal in diesem Auf und Nieder wiederfinden.
Der Song wehrt sich jedoch gegen die Regelmäßigkeit des Pendelschlags. Dass auf jeden Krieg der Frieden folgen möge – das ist ein biblisch gut begründbarer Wunsch. Für das Ende der Zeiten verheißt sie schließlich ein immerwährendes Friedensreich! Aber nimmt man die Weisheit des Predigers für voll, würde es ja auch bedeuten: Auf jeden Frieden folgt wieder Krieg – eine verheerende Vorstellung! Denn das hieße, die Kriege würden nie enden, sondern stets neu aufflammen. Dagegen stemmt sich der Song. Es gibt eine Zeit zu lieben und eine Zeit zu hassen, heißt es da. Doch auf die Zeit des Friedens folgt nicht etwa der Krieg: „Ich schwöre, es ist nicht zu spät", singt Byrds-Sänger Roger McGuinn stattdessen und scheint damit das vermeintlich ewige Hin und Her zwischen Krieg und Frieden stoppen und den Frieden festhalten zu wollen.

Die Idee zu diesem Friedenssong hatte der US-Folksänger Pete Seeger (1919–2014). Der Musiker galt neben Woody Guthrie als linkes Gewissen der US-Kultur und genoss hohes Ansehen. 1950 ließ sich Seeger von der Bibel zu diesem Lied inspirieren. Neun Jahre später veröffentlichte es die US-Folkband „The Limeliters". Eine der Backgroundstimmen sang Roger McGuinn. Er war so angetan von dem Song, dass er ihn kurz darauf für Judy Collins arrangierte – und dann selbst mit seiner Band *The Byrds* aufnahm und zum Riesenhit machte.

Pete Seeger freute sich über den Erfolg. Dass der Text weitestgehend nicht von ihm, sondern aus der Bibel stammte, vergaß er jedoch nie. 1999 entschloss sich der damals 80-Jährige dazu, 45 Prozent der Tantiemen, die das Lied eingespielt

hatte, zu spenden. 50 Prozent der Einnahmen wollte er für die Komposition behalten und weitere fünf Prozent der Text-Einnahmen für die sieben Wörter, die er dem biblischen Text hinzugefügt hatte. Zunächst wollte er die Spenden der britischen Bibelgesellschaft zugutekommen lassen – schließlich war die „King-James-Bibel" seine Textgrundlage gewesen. Dann entschied er sich jedoch um und gab die Tantiemen einer israelischen Gerechtigkeitsorganisation: Das *Israeli Committee Against House Demolitions* setzt sich gegen die Zerstörung von Häusern im Westjordanland und in Ostjerusalem durch die israelische Armee ein. Es sei nur fair, erklärte Seeger, dass dieses Geld, das der Song eingespielt habe, zurück an den Ort fließe, an dem der Text entstanden sei.
Auf diese Weise spielt der Song eine zusätzliche und ganz praktische Rolle für den Frieden.

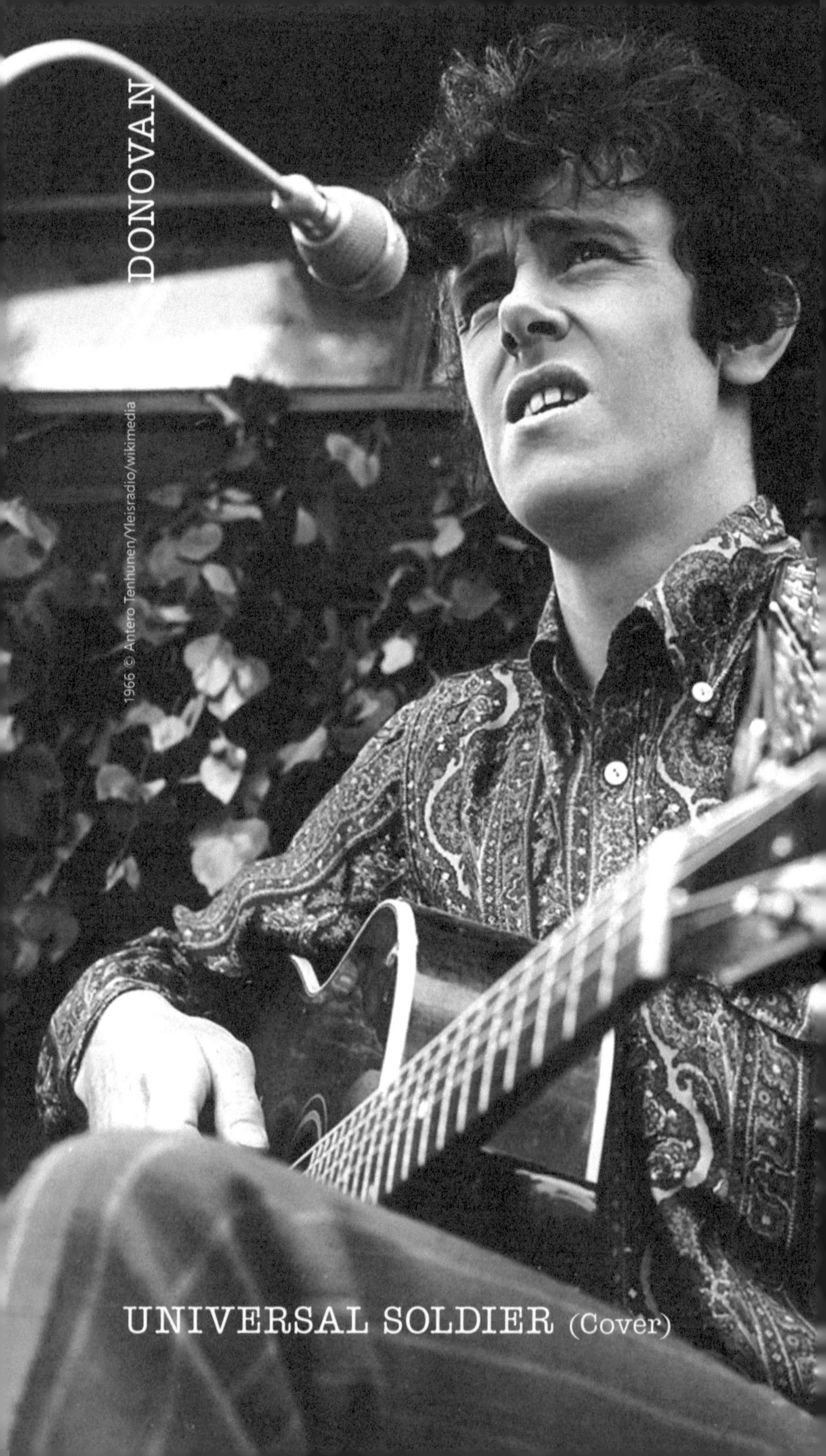
DONOVAN
1966 © Antero Tenhunen/Yleisradio/wikimedia
UNIVERSAL SOLDIER (Cover)

21

Universal Soldier (1964) Buffy Sainte-Marie

Musik/Text: Buffy Sainte-Marie
Coverversionen: Donovan, Joan Baez, Glen Campbell
Deutsche Version: Bettina Wegner („Soldaten"),
Juliane Werding („Der ewige Soldat")

Wie können wir Kriege beenden? Nicht, indem wir mit dem Finger auf die Generäle und Kriegsminister zeigen, sondern indem wir uns darauf besinnen: Letztlich sind wir es, die die Politiker wählen, die dann ihrerseits Soldaten in den Krieg schicken.
Diese Einsicht hatte Folksängerin Buffy Sainte-Marie 1964. Die kanadische Musikerin mit indigenen Wurzeln war damals eine Newcomerin in der Folk-Szene, hatte aber bereits mit Konzerten in New Yorker Clubs Aufsehen erregt. Ihre Themen waren die der Bürgerrechtsbewegung: Sie sang gegen Rassismus, für die Rechte der indigenen Bevölkerung, gegen Amerikas Teilnahme am Vietnamkrieg, für Frieden und Gerechtigkeit.

1964 wartete sie am San Francisco Airport auf einen Flieger nach Toronto. Was sie dort sah, gab ihr zu denken: Verwundete Soldaten aus Vietnam kamen an, einige wurden auf Bahren getragen, andere saßen im Rollstuhl – ein erbärmlicher und aufrüttelnder Anblick. Auf ihrem Flug ging ihr vieles durch den Kopf. Waren die Soldaten schuld daran, dass Kriege fortgeführt wurden? Nein – mit dem Finger auf sie zu zeigen, wäre falsch. Sie wurden in den Krieg geschickt – im Falle der USA von Politikern, die vom Volk gewählt wurden. Wenn dieses Volk keine Kriege mehr wolle, dann müssten also alle zusammenstehen und Menschen mit der Macht betrauen, die sich nicht an Kriegen beteiligen.

In den nächsten Tagen setzte Buffy Sainte-Marie sich ins Purple Onion Café in Toronto, damals Treffpunkt der Folk-Szene, und ließ ihr Erlebnis und ihre Gedanken in einen Liedtext fließen. *Universal Soldier* „handelt von der individuellen Verantwortung für den Krieg und davon, wie das alte feudale Denken uns noch alle umbringen wird“, erzählte sie später. In ihrem Song versetzt sie sich in einen Soldaten hinein, der meint, für den Frieden zu kämpfen – aber seine eigene Verantwortung für sein Handeln nicht erkennt. Denn die tragen alle Soldaten, egal wie alt, egal, mit welchen Waffen sie kämpfen, für welche Nation sie in den Krieg ziehen und welcher Religion sie angehören. Einige zählte Buffy Sainte-Marie auf: „He's a Catholic, a Hindu, an atheist, a Jain, a Buddhist and a Baptist and a Jew.“ Jeder Soldat weiß, dass es eigentlich nicht rechtens ist zu töten – und gleichzeitig, dass er es im Krieg dennoch immer wieder tun wird. Jeder Soldat erklärt, er würde für den Frieden aller kämpfen – dabei muss er allein über Leben und Tod entscheiden.

Auch einen biblischen Bezug fügt Buffy Sainte-Marie in ihr Lied ein: „And he never sees the writing on the wall“ – „Und er sieht nie die Schrift an der Wand“. Das spielt auf eine Geschichte aus dem 5. Kapitel des Buches Daniel an. Da er-

scheint dem kriegslüsternen König Belsazar eine von geheimnisvoller Hand geschriebene Schrift, die er nicht entziffern kann. Der Prophet Daniel erklärt, was sie bedeutet: Die Tage deiner Herrschaft sind gezählt.
Buffy Sainte-Marie geht in die Geschichte zurück, zieht einen Bogen von Caesar bis zu Hitler. Diese Herrscher hätten ohne Soldaten ihr Schreckenswerk nicht ausüben können. Ein Soldat sei der Einzige, der seinen Körper als Waffe einsetzt, und ohne ihn würde das Morden nicht weitergehen. In der letzten Strophe dann jedoch das Fazit: Ja, Soldaten sind tatsächlich schuld am Krieg – doch letztlich sind es „du und ich", die ihnen die Befehle geben.

Buffy Sainte-Marie sang den Song schon 1964, bekannt allerdings wurde er erst durch die Aufnahme des schottischen Folksängers Donovan. Durch ihn kam das Friedenslied in die britischen und amerikanischen Charts. Kurz nachdem sie das Lied geschrieben hatte, hatte Buffy Sainte-Marie die Rechte an dem Lied für einen Dollar verkauft. Es dauerte zehn Jahre, bis sie sie für 25.000 Dollar zurückerwarb. Doch viel wichtiger als dieser kommerzielle Aspekt ist: *Universal Soldier* wurde einer der bekanntesten Songs der Friedensbewegung und hat bis heute nichts von seiner Kraft verloren.

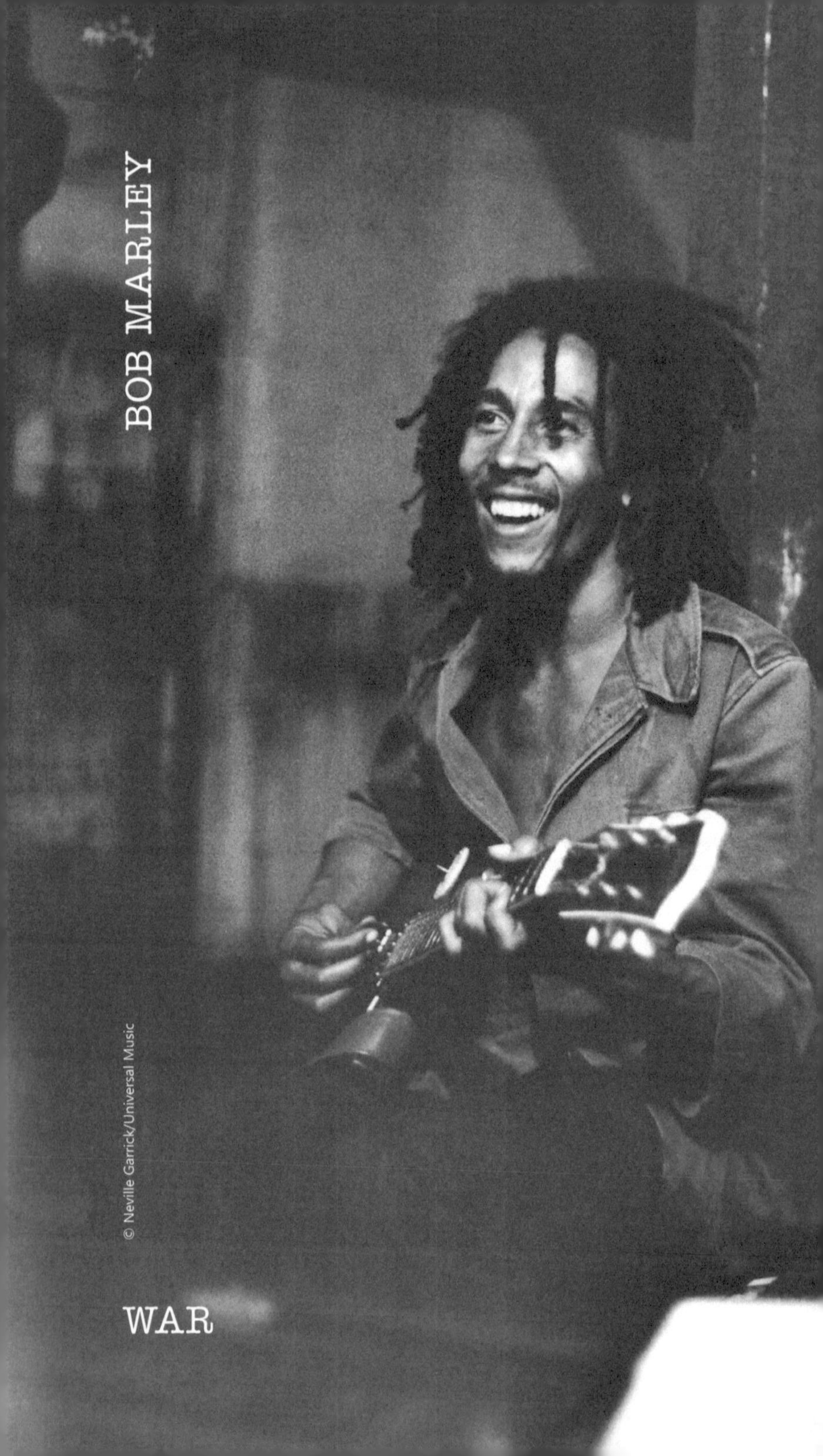
BOB MARLEY
© Neville Garrick/Universal Music
WAR

22

War (1976)
Bob Marley and The Wailers

Musik und Text: Bob Marley
Coverversionen: Sepultura, Sinéad O'Connor, Ziggy Marley, Bono and musicians from around the world

Krieg – das meint nicht nur die Kämpfe, die sich verfeindete Nationen mit Waffen und Militär liefern. Auch das System des Rassismus ist eine Form von Krieg. Diese Ansicht hat der jamaikanische Reggae-Musiker Bob Marley vertont.

Der Text seines Songs *War* stammt jedoch gar nicht von ihm, sondern von dem äthiopischen Kaiser Haile Selassie (1892–1975). Marley war von der Rede, die dieser 1963 vor den Vereinten Nationen gehalten hatte, so angetan, dass er sie in Sprechgesang packte, seine Band einen kernigen Reggae-Rhythmus darunterlegen ließ und zwischendurch einige Male das Wort „war" einfügte.

Die Geschichte dieses Friedens-Hits ist wahrlich merkwürdig – die der Beteiligten ebenfalls. Bob Marley war Rastafari, also Anhänger jener Glaubensbewegung, die unter dubiosen Umständen in den 1930er-Jahren in Jamaika entstand. Dort verband der schwarze Politiker und Publizist Marcus Garvey

(1887–1940) den biblischen Glauben mit dem Wunsch nach der Einheit des afrikanischen Kontinents. In dem eindrucksvollen äthiopischen Kaiser Haile Selassie erkannte er den wiedergekehrten Christus. Viele Jamaikaner übernahmen diesen Glauben. Haile Selassie selbst war höchst erfreut über diese unerwartete religiöse Verehrung aus der Karibik. Er selbst sah sich als Nachfolger des biblischen Königs Salomo und als Auserwählten Gottes. Tatsächlich trug seine Politik für Afrika Früchte: Viele Staaten befreiten sich aus dem Griff der Kolonialmächte; 1963 schlossen sich auf Haile Selassies Initiative hin die afrikanischen Staaten selbstbewusst in der „Organisation für afrikanische Einheit" zusammen. Eines ihrer Ziele: die Abschaffung des Rassismus in ganz Afrika.

Zu diesem Thema hielt Haile Selassie vor den Vereinten Nationen 1963 besagte Rede, die Bob Marley so aus dem Herzen sprach, dass er aus ihr einen Hit machte: „Until the philosophy which hold one race superior and another inferior is finally and permanently, discredited and abandoned – everywhere is war" – „Solange die Ideologie, die eine Rasse für überlegen und eine andere für minderwertig hält, nicht endlich und dauerhaft diskreditiert und abgeschafft ist, wird überall Krieg herrschen!" (Der Begriff „Rasse" wurde damals noch nicht hinterfragt.)
Weitere Beschreibungen des Unrechts folgen: „Solange der Hautfarbe eines Menschen nicht mehr Aufmerksamkeit zugeschrieben wird als seiner Augenfarbe – so lange herrscht Krieg!" Auch die Unrechtsregime in Angola, Mosambik und Südafrika werden angeklagt. „Wir Afrikaner werden kämpfen, weil es nötig ist – und wir wissen, dass wir siegen werden – den Sieg des Guten über das Böse".

Bob Marley trug den Song bei seinen Konzerten mit großer Energie vor. In Europa bezauberte der Sänger auch viele derjenigen, die wie er dem Marihuana religiöse Qualitäten zuschrieben und folglich beseelt-friedlich das Leben genossen. Heute hat der Song Kult-Status – wozu auch die Interpretation der irischen Sängerin Sinéad O'Connor beitrug, die das Lied als Protestsong gegen Kindesmissbrauch seitens katholischer Geistlicher vortrug.

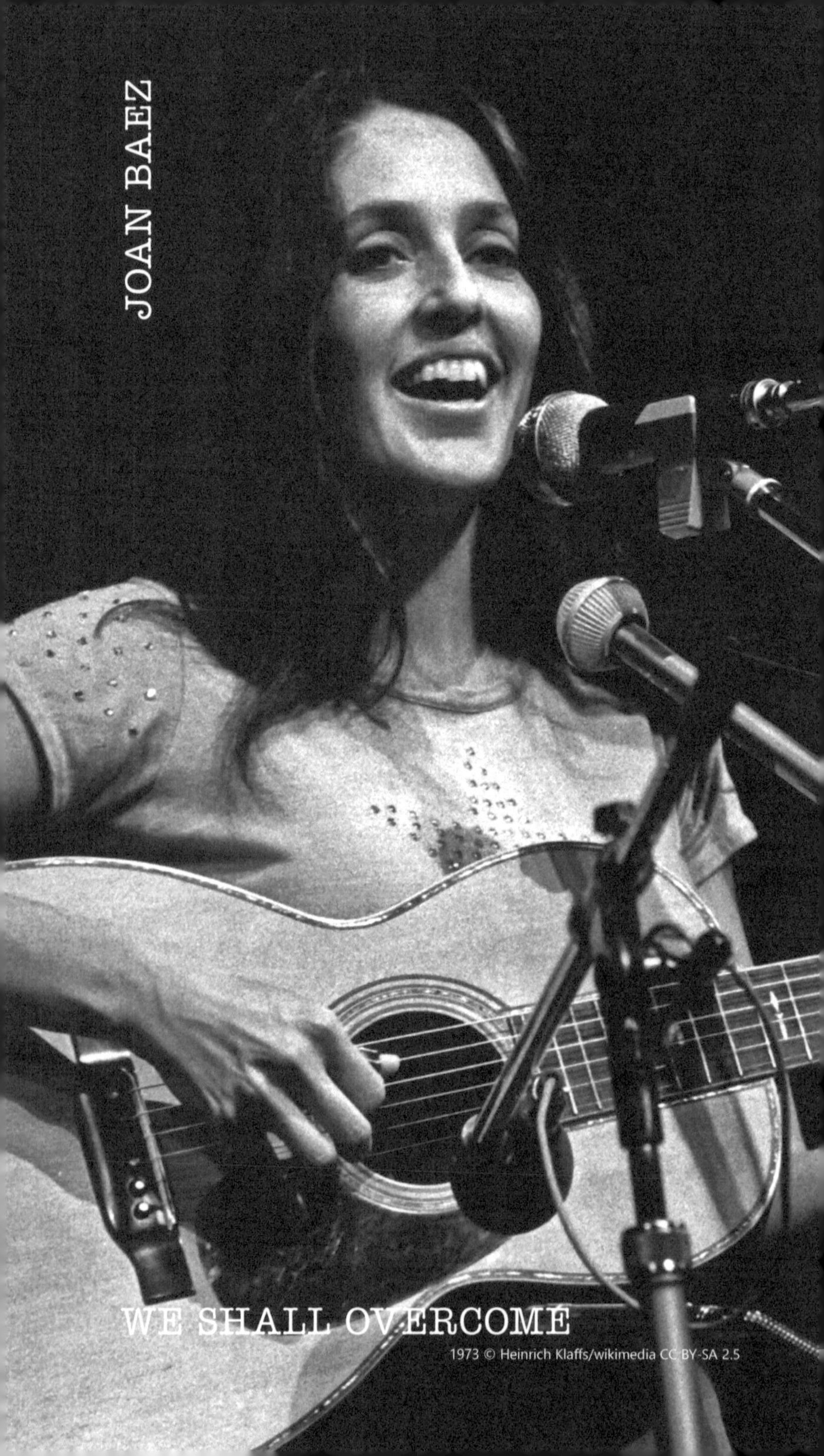
JOAN BAEZ
WE SHALL OVERCOME

23

We Shall Overcome (1963)
Joan Baez

Musik: traditional; Text: Charles Albert Tindley, Pete Seeger
Interpreten: Laura Duncan & The Jewish Young Singers, Pete Seeger, Joe Glazer & The Elm City Four, Mahalia Jackson, Louis Armstrong, Bruce Springsteen, Peter, Paul & Mary

Der Vorgänger dieses Songs stammt von Charles Albert Tindley. Der Methodisten-Prediger aus Philadelphia gilt als „Vater der Gospelmusik". Als er den Song 1901 schrieb, hatte er ein altes katholisches Kirchenlied und Spirituals im Kopf – und einen Bibelvers aus dem Galaterbrief (6,9): „Lasst uns aber Gutes tun und nicht müde werden; denn zu seiner Zeit werden wir auch ernten, wenn wir nicht nachlassen." Tindleys Vater war Sklave; er wusste also gut, welche Hoffnung die Afroamerikaner im rassistischen Amerika brauchten.

„Die Welt ist ein großes Schlachtfeld", textete er, „die Waffen sind aufgestellt. Wenn ich in meinem Herzen nicht müde werde, werde ich es überwinden." „I will overcome": Das spiegelt einerseits die christliche Hoffnung wider, das irdische Jammertal einst zu überwinden; andererseits macht es Mut, nicht müde zu werden angesichts all des Unrechts auf der Welt. Kein Wunder also, dass das Lied bald auf Protestveranstaltungen und bei Streiks gesungen wurde.

Mitte der 1940er-Jahre entdeckte eine weiße Volkskundlerin

das Lied; sie spielte es dem linken Folksänger Pete Seeger vor, der mit anderen einige Strophen dazudichtete. Auch ersetzte er die Refrainzeile: Aus dem „I will" machte er kurzerhand „We shall", denn das lasse sich besser singen. *We Shall Overcome* in der heutigen Version war entstanden: Ein Protestsong für viele Gelegenheiten. „Wir werden Hand in Hand gehen eines Tages", „wir sind nicht allein", „wir werden in Frieden leben", „wir werden frei sein" und schließlich: „Schwarz und Weiß werden zusammenfinden"! Diese Hoffnungen werden gebündelt im Refrain: „Tief in meinem Herzen glaube ich, dass wir darüber hinwegkommen ..."
Von 1950 an nahmen Musiker und Musikerinnen das Lied auch auf Schallplatte auf. Einen Bekanntheitsschub erfuhr es 1963, als Protestsängerin Joan Baez es vor 100.000 Menschen auf dem „Marsch auf Washington" sang, einem Massenprotest der Bürgerrechtsbewegung, angeführt von Baptistenprediger Martin Luther King. Die Version von Joan Baez setzte sich durch; sie sang sie 1969 auch auf dem berühmten Woodstock-Festival. Deshalb wird *We Shall Overcome* bis heute oft mit Joan Baez in Verbindung gebracht.
Das passt gut. Denn keine andere Musikerin verkörpert den Kampf für Frieden und Gerechtigkeit so wie sie. Ihre pazifistische Haltung wurde geprägt durch ihr Elternhaus. Ihr Großvater, ein methodistischer Pfarrer, war aus Mexiko nach New York ausgewandert. Als Joan wenige Jahre alt war, traten ihre Eltern zum Quäkertum über. Die Verbindung von Spiritualität, Gerechtigkeitssinn und praktischer Friedensliebe prägte sich ihr ein. Joan spielte Folk-Songs und setzte sich für die Ziele des „Civil Rights Movement" ein: Abschaffung der Rassentrennung, soziale Gerechtigkeit, Ende des Vietnamkrieges. Baez war sehr hübsch und sang mit eindringlicher Sopranstimme – auch das bewegte die Menschen. So wurde sie zum

Folk-Superstar für alle, die sich für Frieden und Freiheit einsetzen.
Doch Joan sang nicht nur. Sie behielt einen Teil ihrer Steuerzahlungen ein, um die Aufrüstung der USA nicht mitzufinanzieren. Als ein großer Fernsehsender ihr Vorbild Pete Seeger nicht auftreten ließ, begann sie den Sender zu boykottieren.

Joan Baez ist sich und ihrem Anliegen bis heute treu geblieben; sie nutzte ihre Popularität immer wieder, um die Friedensbewegung weltweit zu stärken. 1966 reiste sie nach Deutschland, in Essen nahm sie am Ostermarsch teil. In Ostberlin traf sie den DDR-Liedermacher Wolf Biermann. Für die Blockade einer Militäreinrichtung in Oakland ging sie einen Monat lang ins Gefängnis. Reisen mit anderen Friedensbewegten nach Südostasien folgten. 1982 sang sie in kugelsicherer Weste im kriegszerstörten Sarajevo. 1983 kam sie erneut nach Deutschland und wirkte bei den Festivals der Initiative „Künstler für den Frieden" mit. 2009 sang sie für die freiheitsliebenden Menschen im Iran *We Shall Overcome* auf Farsi.

In Deutschland erlebte *We Shall Overcome* einen Siegeszug jenseits der Hitparaden. Auf den Demos der Friedensbewegung, bei zivilen Ungehorsamsaktionen, auf Protestmärschen: Überall sangen Menschen das Lied. Auch in kirchlichen Gruppen wurde es beliebter als viele Kirchenlieder. Mittlerweile hat es sogar Aufnahme in einige offizielle evangelische Gesangbücher gefunden.
Als Hommage an Pete Seeger veröffentlichte US-Rockmusiker Bruce Springsteen 2006 eine eigene Version des Liedes. Er spielte sie auch 2012 beim Utøya Memorial Concert in Oslo und widmete sie den Angehörigen der Opfer der Anschläge eines rechtsextremen Amokläufers in Norwegen.

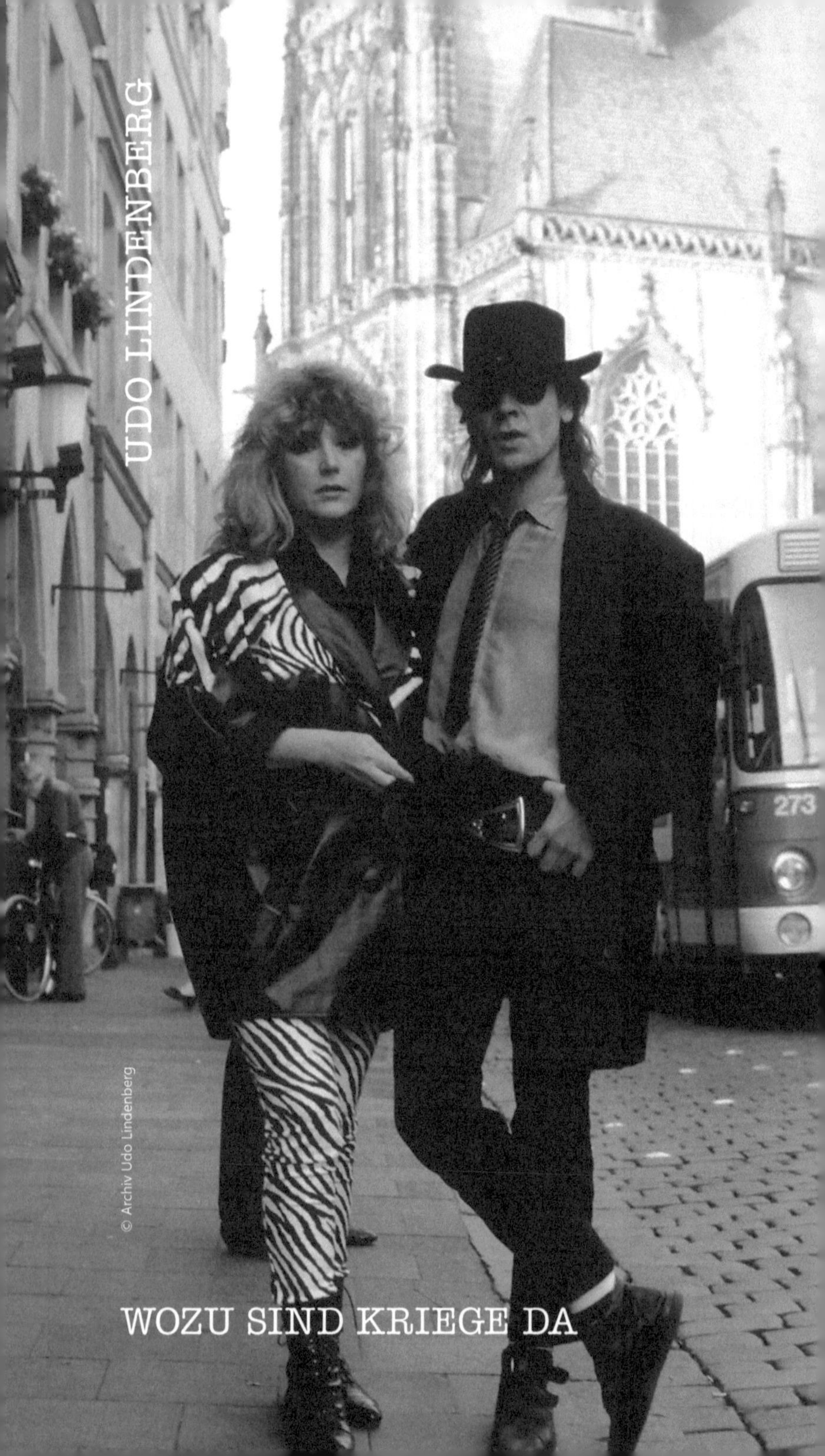
UDO LINDENBERG
WOZU SIND KRIEGE DA

24

Wozu sind Kriege da (1981)
Udo Lindenberg

Musik & Text: Udo Lindenberg
Interpreten: Udo Lindenberg mit Pascal Kravetz
Cover: Joan Baez, Alla Pugatschowa (auch auf Russisch), Heldmaschine

Wozu sind Kriege da? Udo Lindenberg, seit 1972 anerkannter deutscher Rockstar, stellt diese Frage in einem seiner Songs. Von der Warte eines Kindes aus bezweifelt er den Sinn – nein, nicht des Lebens, sondern des Krieges. Und er lässt auch noch einen zehnjährigen Jungen singen. Duette von Erwachsenen mit Kindern waren bis dahin nur in der Schlagerwelt bekannt – da sangen etwa Roy Black und Anita „Schön ist es, auf der Welt zu sein". Und nun tat es der Panikrocker ihnen gleich. Der Unterschied: Lindenbergs Song ist schonungslos ehrlich und lebensnah. „Keiner will sterben, das ist doch klar!", beginnt der zehnjährige Pascal Kravetz. Mit kindlicher Unbefangenheit stellt er Fragen, die sich so sehr aufdrängen, dass Erwachsene sie schon gar nicht mehr stellen. „Keine Mutter will ihre Kinder verlieren und keine Frau ihren Mann", singt der Junge – warum dann trotzdem Soldaten marschieren, um Menschen zu ermorden, das soll ihm „Herr Präsident" mal erklären. Wofür denn sein Leben aufs Spiel gesetzt wird, fragt der Junge weiter und wundert sich über die Soldaten: „Sie steh'n sich gegenüber und könnten Freunde sein. Doch bevor sie sich kennenlernen, schießen sie sich tot."

Der Song erschien 1981. Es war die Hoch-Zeit der Friedensbewegung; die Supermächte USA und Sowjetunion hatten sich tief in den Kalten Krieg verheddert und bauten in der Mitte Europas ein wahnsinniges Abschreckungs-Szenario auf – inklusive Atomwaffen. Die Grenze zwischen Ost und West verlief mitten durch Deutschland. Deshalb waren die Proteste hier besonders groß. Hunderttausende demonstrierten gegen die Aufrüstung, wollten „Frieden schaffen ohne Waffen". Auch Lindenberg war Aufrüstungsgegner. Sein Kindersong gegen den Krieg fand großen Anklang in der Bewegung. Es gelang ihm, ohne ideologische Hintergedanken und ohne Kitsch die Grundfragen der Friedensbewegung zur Sprache zu bringen und die Ursachen dafür, dass es trotz aller Sinnlosigkeit Kriege gibt, den Menschen vor Augen zu führen. Einer der Gründe: Die „Bonzen, die Panzer und Raketen bauen", verdienen daran. Ein weiterer: Einige wollen ihren „religiösen Zwist" ausleben und mit Gewalt festlegen, „welcher Gott nun der richtige ist". Der Song endet mit der Ratlosigkeit des Kindes, das sich als „wohl noch zu klein" beschreibt, um zu verstehen, „wozu Kriege nötig sind".

Lindenberg ist damit ein Song gelungen, der zu Herzen geht, ohne rührselig zu sein; der sich in die vermeintlich „hohe" Politik einmischt, ohne eine parteipolitische Position einzunehmen. Und er beantwortet eine so philosophische wie existenzielle Frage, die viele bewegt, nicht eindeutig, sondern lädt – ohne zu belehren – zum Selberdenken ein. Das alles kleidet Lindenberg in seine gewohnt alltagsnahe Sprache, die nicht auf Reime aus ist oder sich anbiedert – und sich zudem gut mit der emotionalen Melodie verbindet.

Hochpolitische Themen in deutschsprachiger Musik zur Sprache zu bringen – das war Lindenberg 1973 zum ersten Mal gelungen, auf der LP „Alles klar auf der Andrea Doria". „Wir wollen doch einfach nur zusammen sein" ist eine ergreifende Liebesballade. Das Besondere: Die Liebesgeschichte, die Lindenberg in dem Song erzählt, entspinnt sich zwischen dem Sänger und einem „Mädchen aus Ost-Berlin". Udo Lindenberg geht ganz menschlich an das Thema der deutsch-deutschen Teilung heran. Die Mauer steht der Liebe im Weg. Sie soll weg!

Auch sein Song „Sonderzug nach Pankow" vermochte es, Menschen in West und Ost zu beschwingen. Lindenberg versuchte hier mit der Narrenfreiheit des Künstlers fantasievoll die Fronten aufzuweichen. Als DDR-„Oberindianer" Erich Honecker Wuppertal besuchte, überreichte er ihm eine E-Gitarre mit dem Spruch „Gitarren statt Knarren". Mit Erfolg: 1983 durfte er im „Palast der Republik" auftreten, zusammen mit Harry Belafonte. Auch dort sang er „Wozu sind Kriege da".

In den folgenden Jahren wurde es ruhiger um Lindenberg; 2008 dann das große Comeback. „Komm wir zieh'n in den Frieden" wird so etwas wie eine Hymne jener, die im 21. Jahrhundert gegen die Kriege der Welt angehen möchten. Auf seinen großen Tourneen singt er den Song mit einem Kinderchor.

Gerade Erwachsene sind gerührt – denn die Hoffnungen und Enttäuschungen, die Lindenberg ehrlich beschreibt, kennen viele: „Ich steh vor euch mit meinen alten Träumen von Love and Peace und jeder Mensch ist frei ..." Dann hört er „John

Lennon singen: ‚Give peace a chance' / Und es klingt wie 'n Vermächtnis aus dem All / Damit das Weltgewissen endlich aufwacht / Denn es ist fünf Sekunden vor dem großen Knall". Aus Lennons Song „Imagine" nimmt Lindenberg einen Gedanken auf: „Lass sie ruhig sagen, dass wir Träumer sind!" Dann verwandelt er einen alten Sponti-Spruch: „Stell dir vor, es ist Frieden / Und jeder, jeder geht hin".

Im Februar 2022 erlangt der Song *Wozu sind Kriege da*" plötzlich neue Aktualität. Der Alt-Rocker wirkt nun beinahe wie ein Prophet. Die meisten, die den Song im Angesicht des Angriffskrieges Russlands auf die Ukraine mit neuen Ohren hören, wissen nicht: 1985 hat Lindenberg ihn in Moskau vor 30.000 Menschen im Duett mit der russischen Grande Dame der Popmusik gesungen: Alla Pugatschowa. Das war am Beginn der Glasnost-Ära. Damals verschrottete die Sowjetunion unter Michael Gorbatschow einseitig Atomraketen. Der Abschreckungswahnsinn war gebrochen. Vier Jahre später fiel die Mauer. Lindenberg war wie alle anderen außer sich vor Freude. Und auch angesichts der neuen Kriege verliert er nicht die Hoffnung und bestärkt seine Fans: „Lasst uns daran glauben, dass es bald vorbei ist – und allen Menschen in Not helfen. Für uns ist *Love and Peace* die einzig wahre Währung!!" Danach forderte er zum Spenden an die UNICEF-Nothilfe auf.

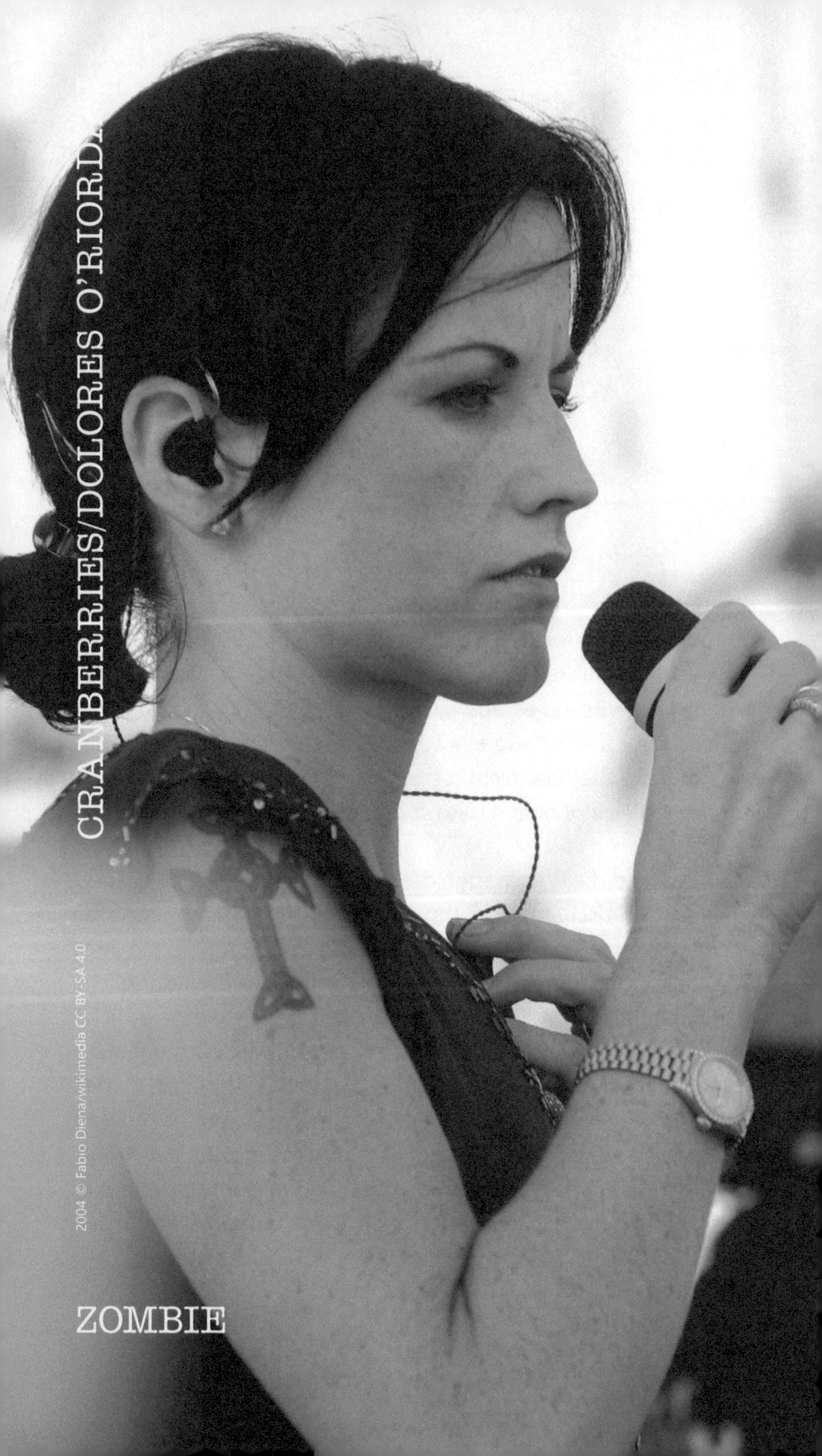

CRANBERRIES/DOLORES O'RIORD

ZOMBIE

25

Zombie (1994)
Cranberries/Dolores O'Riordan

Musik & Text: Dolores O'Riordan
Interpreten: Cranberries
Coverversion: Bad Wolves

Wer den Krieg erlebt hat, bekommt die Bilder davon nicht mehr aus dem Kopf. Sie setzen sich in der Seele fest wie Zombies aus einem Horrorfilm. Mehr noch – der ganze Krieg ist wie ein Zombie: furchterregend, Opfer fordernd, scheinbar nicht totzukriegen. Und: Wer im Krieg mordet, gleicht einem hirnlos tötenden Zombie.

Das sind die Botschaften des Anti-Bürgerkriegs-Liedes *Zombie* der irischen Rockband *The Cranberries*. Deren Frontfrau Dolores O'Riordan hatte die Idee zu dem Song, sie hat auch das Video dazu konzipiert. Die Zartheit und eindringliche Kraft ihrer Stimme lässt den Protest gegen die heimtückische, zerstörerische Kraft des Krieges unwillkürlich unter die Haut gehen. „What's in your head?", fragt Dolores O'Riordan immer wieder, „was ist in deinem Kopf, Zombie?" Dann schreit sie sich die Wut auf die Ungerechtigkeit des Kriegs von der Seele – und darauf, dass sich im Kopf der Kämpfer alles nur um Panzer und Bomben, Gewalt und Tod dreht. Seit

1916 ist das in Irland so, dem ersten blutigen Höhepunkt des Konflikts – und auch nach der Unabhängigkeit der heutigen Republik Irland (1922) geht er weiter, besonders in Nordirland, das weiter zu Großbritannien gehört. Und es sterben weiter unschuldige Kinder, es brechen Mutterherzen.
Ein Bombenanschlag der IRA in England, bei dem zwei Kinder getötet wurden, hatte Dolores O'Riordan verzweifeln lassen und zu ihrem Song inspiriert. Dass die Terroristen behaupteten, die Taten im Namen Irlands begangen zu haben, fand sie besonders perfide. Sie würden mitnichten für Irland kämpfen, sondern seien „ein paar Idioten, die in der Vergangenheit leben". *Zombies* handele „vom irischen Kampf für die Unabhängigkeit, der ewig zu dauern scheint", es sei ein „Lied für den Frieden, den Frieden zwischen England und Irland".

Das Video zu *Zombies* verleiht dem Song mit apokalyptischen Bildern zusätzliche Intensität. Dolores O'Riordan steht als goldene Madonna unter einem großen Holzkreuz und singt ihre Wut und Ohnmacht heraus. Bei ihr mehrere Kinder in silberner Haut, die am Ende des Videos ebenfalls unter dem Kreuz stehen. Erst tragen sie Dornenkronen, dann geflochtene Blumenkränze: ein Zeichen der Hoffnung? Oder sind es die im Krieg getöteten Kinder? Im Hintergrund der Kreuzesszenen blutrote Farbe. Dazwischen dokumentarische und nachgestellte Szenen aus Belfast: Kinder spielen in Hausruinen; ein Junge mit Gesichtswunden; Parolen der verfeindeten Parteien an den Häuserwänden; Soldaten mit Maschinengewehren. Kinder spielen in der Trostlosigkeit. Ein Junge stirbt.
Mit seiner betörenden Bildsprache erinnert das Video an mittelalterliche Kreuzigungsdarstellungen. Sie habe „das Kreuz auf eine gewisse Weise prächtig machen wollen", er-

klärte die katholisch aufgewachsene Dolores O'Riordan, weshalb sie sich in dem Video golden gezeigt habe: „Es war eine Metapher für all den Schmerz, der verursacht wurde, und es war auch ein wenig religiös."

Als die Cranberries ihrer Plattenfirma den Song präsentierten, war die gar nicht angetan. Er sei zu politisch und zu kontrovers und würde in den Radiosendern nicht gespielt, befürchteten sie und boten sogar Geld, wenn der Song nicht als Single herauskäme. Durch zähes Verhandeln erwirkte die Band schließlich eine Veröffentlichung. Die Single erschien am 31. August 1994 – dem Tag, an dem die IRA eine Waffenstillstandserklärung abgab. Der Song erkletterte schnell die internationalen Charts. Doch er provoziert auch. Krieg würde kommerzialisiert, meinten einige Kritiker. Dolores O'Riordan entgegnete ihnen: „Ich kann einfach nicht akzeptieren, dass Kinder durch politische Gewalt abgeschlachtet werden!" Sie hoffte, dass *Zombies* „die Menschen dazu bringt, ein wenig über unsere Gesellschaft nachzudenken und darüber, was wir geworden sind".

Seine unvergleichliche Kraft erhält der Song durch die Mischung harten Alternativ-Rocks mit irischer Gesangstechnik. Denn die Stimme O'Riordans wandert an mehreren Stellen des Songs von der Brust- in die Kopflage – eine Art Jodeln. Dazu kommt ein irischer Akzent in der Aussprache der Vokale. Das zusammen sorge „für einen fantastischen emotionalen Effekt", befand der Musikwissenschaftler Bart Plantenga.

Dolores O'Riordan starb am 15. Januar 2018. Kurz darauf dankte der Vater eines der bei dem IRA-Anschlag im Jahr 1993 getöteten Kinder ihr für ihre „sowohl majestätischen als

auch sehr realen Texte": „Viele Menschen sind immun geworden gegen den Schmerz und das Leid, das so viele Menschen während dieser bewaffneten Kampagne erlebt haben", sagte er. Den Song *Zombies* zu hören, verleihe Kraft, gegen die Gewalt anzugehen.
Die Äußerung des trauernden Vaters beschreibt die Trostkraft der Friedenslieder aller Zeiten:

Die Songs des Friedens nähren die Hoffnung,
dass am Ende nicht der Krieg,
sondern Frieden einkehrt.

Literatur/Quellen

Weitere Literaturhinweise, Links zu den Songtexten, zu Videos und offiziellen Websites auf **www.hits-from-heaven.de**
Audio-Beiträge zu jedem Song unter **www.domradio.de/hitsfromheaven**

1 – American Jesus
Greg Graffin: Punk Paradoxon. Eine Autobiografie, Innsbruck 2022

2 – Blowin' in The Wind
Clinton Heylin: Dylan. Gospel. Die rauen Töne der wahren Geschichte, Basel 2018

3 – Born in the USA
Bruce Springsteen: Born to Run. Die Autobiografie, München 2018

4 – Brothers in Arms
Volker Eichener: They rocked the City. Rockmusik und gesellschaftlicher Umbruch, Frankfurt 2021

5 – Dear Mr. President
Paul Lester: PINK. Zwei Gesichter, Innsbruck 2010

6 – Ein bisschen Frieden
Jan Feddersen: Wunder gibt es immer wieder. Das große Buch zum Eurovision Song Contest, Berlin 2010

7 – Es ist an der Zeit
Hannes Wader: Trotz alledem. Mein Leben, Gütersloh 2018

8 – Give peace a Chance
Nicola Bardola: John Lennon, Leipzig 2020

9 – Hey Hey Rise Up
Mark Blake/Paul Fleischmann: Pink Floyd: Die definitive Biografie, Innsbruck 2016

10 – Imagine
John Lennon & Yoko Ono: imagine, Hamburg 2018

11 – Knockin' On Heaven's Door
Steven Daniel Arnoff: The Spiritual Wisdom of Bob Dylan, New York 2022

12 – Lover Lover Lover
Matti Friedman: Who By Fire. Leonard Cohen in the Sinai, New York 2022

13 – Nein, meine Söhne geb ich nicht
Oliver Kobold: Reinhard Mey. 100 Seiten, Ditzingen 2022

14 – 99 Luftballons
Maik Brüggemeyer: I've been looking for Frieden. Eine deutsche Geschichte in zehn Songs, München 2018

15 – Peace in the Valley
Johnny Cash mit Patrick Carr: Cash – Die Autobiografie, Hamburg 2021

16 – Peace Train
Cat Stevens/Peter H. Reynolds: Peace Train, New York 2021

17 – Sag mir, wo die Blumen sind
Eva Gesine Baur: Einsame Klasse: Das Leben der Marlene Dietrich, München 2017

18 – Stück vom Himmel
Max Wellinghaus: Herbert Grönemeyer. Die Biografie, München 2018

19 – Sunday Bloody Sunday
Steve Stockman: Walk on. Die geistliche Reise von U2, Lüdenscheid 2002

20 – Turn! Turn! Turn!
Roger McGuinn u.a.: The Byrds 1964-1967, New York-Los Angeles-Nashville 2022

21 – Universal Soldier
Findus: Kleine Geschichte der Protestmusik. Von Katzenmusik bis K-Pop, Heidelberg 2021

22 – War
Rita Marley: No Woman No Cry. Mein Leben mit Bob Marley, Hamburg 2010

23 – We Shall Overcome
Joan Baez: We Shall Overcome. Mein Leben, Bergisch Gladbach 1988

24 – Wozu sind Kriege da
Joachim Hentschel: Dann sind wir Helden. Wie mit der Popmusik über die Mauer hinweg deutsche Politik gemacht wurde, Hamburg 2022

25 – Zombie
Anthony Fonseca (Hg.): Encyclopedia of the Zombie: The Walking Dead in Popular Culture and Myth, Santa Barbara 2014

Uwe Birnstein im Verlag Neue Stadt

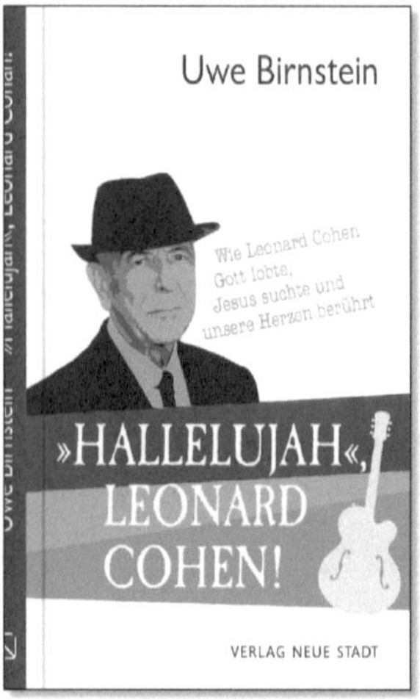

LEONARD COHEN, wie ihn kaum einer kennt.
Mit teils erstmals veröffentlichten SW-Fotos.

132 Seiten, gebunden, mit 12 SW-Fotos, farbiger Vorsatz, 13 x 21 cm
ISBN 978-3-7346-1233-6

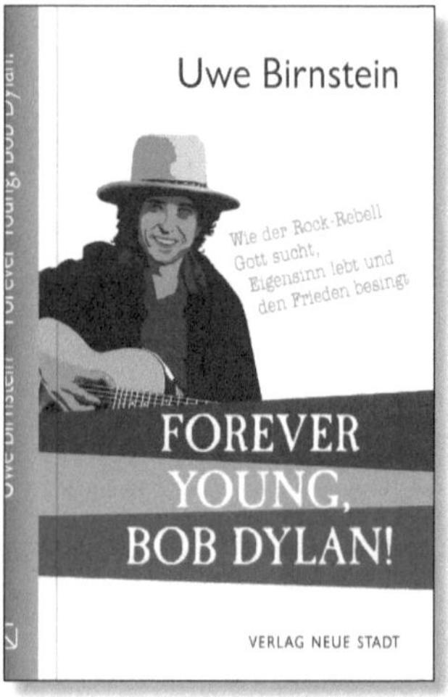

BOB DYLAN: Protestsänger, Troubadour, Rock-Poet mit Literaturnobelpreis, einer, der Irdisches und Himmlisches verschmelzen lässt …

192 Seiten, gebunden, mit 17 SW-Fotos, farbiger Vorsatz, 13 x 21 cm
ISBN 978-3-7346-1268-8

Auch als Hörbücher, gelesen vom Autor:

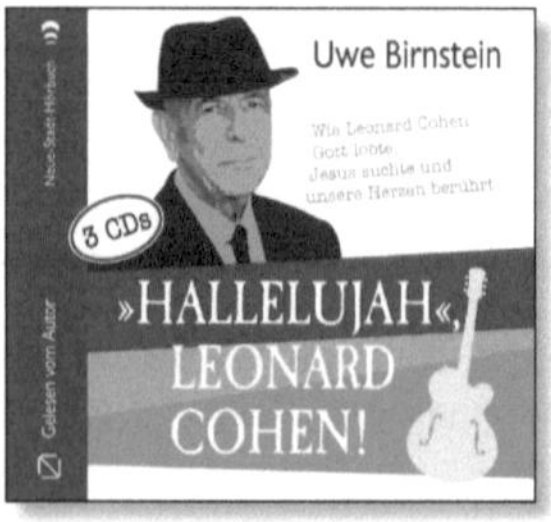

3 CDs, 182 Minuten
ISBN 978-3-7346-1265-7

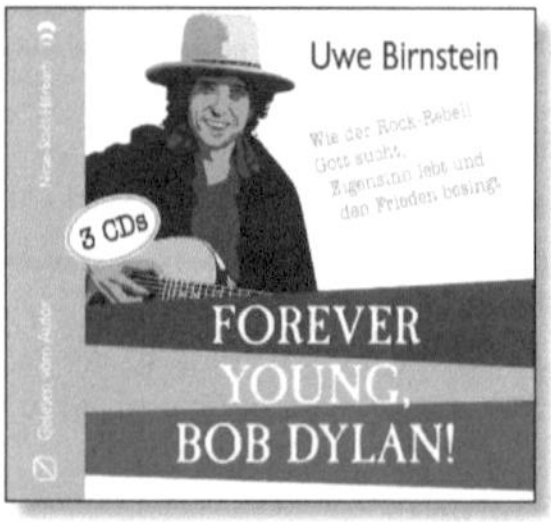

3 CDs, 240 Minuten
ISBN 978-3-7346-1279-4

www.neuestadt.com